铁路建设项目经济评价
方 法 与 参 数

中华人民共和国住房和城乡建设部
中华人民共和国国家发展和改革委员会　发布
中 华 人 民 共 和 国 铁 道 部

中 国 计 划 出 版 社

2012　北　京

图书在版编目（CIP）数据

铁路建设项目经济评价方法与参数／中华人民共和国住房和城乡建设部，中华人民共和国国家发展和改革委员会，中华人民共和国铁道部发布．—北京：中国计划出版社，2012.5

ISBN 978-7-80242-726-6

Ⅰ.①铁…　Ⅱ.①中…　②中…　③中…　Ⅲ.①铁路工程－基本建设项目－经济评价－研究－中国　Ⅳ.①F532.3

中国版本图书馆CIP数据核字（2012）第037666号

铁路建设项目经济评价

方法与参数

中华人民共和国住房和城乡建设部
中华人民共和国国家发展和改革委员会　发布
中华人民共和国铁道部

☆

中国计划出版社出版
（地址：北京市西城区木樨地北里甲11号国宏大厦C座4层）
（邮政编码：100038　电话：63906433　63906381）
新华书店北京发行所发行
北京世知印务有限公司印刷

787×1092毫米　1/16　8.5印张　201千字
2012年5月第1版　2012年5月第1次印刷
印数　1—4000册

☆

ISBN 978-7-80242-726-6
定价：48.00元

住房和城乡建设部、国家发展和改革委员会、铁道部关于批准发布《铁路建设项目经济评价方法与参数》的通知

建标〔2011〕185号

国务院有关部门，各省、自治区、直辖市、计划单列市住房和城乡建设厅（委、局）、发展和改革委员会，新疆生产建设兵团建设局、发展和改革委员会，铁道部各有关单位：

现批准《铁路建设项目经济评价方法与参数》，自2012年2月1日起施行。

在铁路建设项目经济评价工作中，应按照《国家发展改革委、建设部关于印发建设项目经济评价方法与参数的通知》（发改投资〔2006〕1325号）和本建设项目经济评价方法与参数执行，不断提高投资决策的科学化水平。

本建设项目经济评价方法与参数的管理由住房和城乡建设部、国家发展和改革委员会、铁道部负责，具体解释工作由铁道部发展计划司负责。

中华人民共和国住房和城乡建设部
中华人民共和国国家发展和改革委员会
中 华 人 民 共 和 国 铁 道 部

二〇一一年十一月十二日

编制说明

《铁路建设项目经济评价方法与参数》（以下简称《铁路项目方法与参数》）是根据国家发展和改革委员会、原建设部下达的建设项目评价方法与参数编制项目计划，由住房和城乡建设部标准定额司、标准定额研究所，国家发展和改革委员会固定资产投资司、基础产业司，铁道部发展计划司等单位和专家共同编制完成。

1993年7月，铁道部计划统计局（现发展计划司）和中国国际工程咨询公司交通项目部共同编制并发布了《铁路建设项目经济评价办法》。1997年1月，铁道部发展计划司、中国国际工程咨询公司交通项目部和国家开发银行交通环保评审局共同委托西南交通大学对《铁路建设项目经济评价办法》进行了修订。考虑铁路评价办法的连贯性和传承性，并与国家发展改革委、原建设部印发的《建设项目经济评价方法与参数》（发改投资〔2006〕1325号）保持一致，我们确定了《铁路项目方法与参数》的内容。

在编制过程中，编制组开展了广泛深入的调查研究，收集了大量资料，在认真总结铁路建设项目经济评价经验、开展专题研究的基础上，结合我国铁路的实际情况并借鉴国外铁路建设项目评价的实践、理论与方法，编写了《铁路项目方法与参数》。征求意见稿完成后，广泛征求了有关部门、单位及专家的意见，多次召开座谈会进行研讨，最后经有关部门审查定稿。

《铁路项目方法与参数》分别对财务分析、经济费用效益分析、费用效果分析、区域经济与宏观经济影响分析、不确定性与风险分析、方案经济比选等做出了具体规定，并以附件的形式给出了我国不同地区各类铁路运营成本的测算值以及我国铁路现行客货运价。

在《铁路项目方法与参数》的使用过程中，请各有关部门和单位注意总结经验，积累资料。如发现需要修改和补充之处，请将意见寄送铁道部发展计划司（地址：北京市复兴路10号；邮政编码：100844），以便今后修订时参考。

二〇一一年十一月

目　录

铁路建设项目经济评价
方法与参数

1 总 则

1.0.1 为适应铁路建设与发展的需要，促进和规范铁路建设项目经济评价工作，保证经济评价质量，提高铁路建设项目投资决策科学化水平，根据国家发展改革委和建设部联合发布的《建设项目经济评价方法与参数》（发改投资〔2006〕1325号），结合我国铁路行业特点并参考国际交通项目经济评价理论与经验，制定本经济评价方法与参数。

1.0.2 本经济评价方法与参数适用于国内铁路建设项目前期研究工作（包括规划、项目建议书、可行性研究阶段），项目中间评价和后评价阶段可参照使用。

1.0.3 铁路建设项目经济评价的主要内容包括财务分析、经济费用效益分析、费用效果分析、区域经济与宏观经济影响分析、不确定性分析与风险分析以及方案经济比选等内容。

1.0.4 经济评价是铁路建设项目前期研究工作的重要内容，应根据国民经济与社会发展规划、国家综合交通运输发展规划、铁路行业发展规划以及项目影响地区发展规划的要求，在项目初步建设方案的基础上进行。一般大中型铁路建设项目都需要进行财务分析、经济费用效益分析或费用效果分析和不确定性分析，必要时根据要求进行风险分析；对地区经济、国民经济发展有重要影响的特大型铁路建设项目，还应根据要求进行区域经济影响分析或宏观经济影响分析；个别小型铁路建设项目的评价内容可根据业主或有关部门的具体要求确定。

1.0.5 铁路建设项目不同研究阶段经济评价内容的广度和深度应有所不同。可行性研究阶段的经济评价，应系统分析计算铁路建设项目的效益和费用，对项目建设的必要性、财务可行性、经济合理性和投资风险等进行全面评价。项目规划和项目建议书阶段的经济评价内容可适当简化。

1.0.6 铁路建设项目经济评价必须保证评价的客观性、科学性、公正性，并应遵循以下主要原则："有无对比"原则、费用效益一致性原则、审慎保守计算原则、突出重点原则、定量分析与定性分析相结合及动态分析与静态分析相结合等原则。

1.0.7 铁路建设项目所提供的产品是客货运输服务，具有网络效益强、受益群体广、外部效果显著等特点。铁路建设项目经济评价必须考虑网络的关联性，注意计算项目的系统效益和费用。

1.0.8 铁路建设项目经济评价计算期，包括建设期和运营期。建设期应参照项目建设的合理工期或项目建设进度计划合理确定；运营期应根据项目特点参照项目的合理经济寿命确定。根据行业特点，一般铁路建设项目的经济评价计算期采用30年。对于一些特殊项目，可结合项目特点选择不同的计算期。

1.0.9 财务分析理论上应采用以市场价格体系为基础的预测价格并考虑价格总水平变动；经济费用效益分析应采用以影子价格体系为基础的预测价格，不考虑价格总水平变动因素。

考虑到铁路建设项目评价计算期较长的特点，财务分析中的投入物与产出物（运输服务）的价格可以作如下考虑：在建设期内，应考虑投入物的相对价格变动及价格总水平变动；在运营期内，可采用项目运营初期的预测价格，并在计算期内保持投入物与产出物的相对价格不变。

1.0.10 为满足铁路建设项目经济评价工作的需要，应该在有无项目两种情况下，预测各种类型的运量。包括：OD径路形式的运量和线路流量形式的运量，趋势运量、转移、正常与诱发运量，本线运量、通过运量与交接运量等。

2 资金来源与融资方案

2.0.1 铁路建设项目应在投资估算的基础上，分析项目建设投资和流动资金的来源及筹措方式，明确项目融资主体，确定融资方案，为财务分析提供必需的基础数据。

2.0.2 确定融资主体应考虑铁路建设项目投资的规模和特点，项目与既有运输企业运输设施和经营活动的联系，既有运输企业的财务状况，项目自身的盈利能力等因素。

2.0.3 按照融资主体不同，铁路建设项目融资方式分为既有法人融资和新设法人融资两种。

1. 既有法人融资方式。铁路建设项目所需资金来源于既有法人内部融资、新增资本金和新增债务资金。

2. 新设法人融资方式。铁路建设项目所需资金来源于项目公司股东投入的资本金和项目实体承担的债务资金。

2.0.4 铁路建设项目资本金（即项目权益资金，下同）的来源和筹措方式，应根据项目融资主体的特点按下列要求进行选择：

1. 既有法人融资项目的新增资本金可通过原有股东增资扩股、吸收新股东投资、发行股票、政府投资等渠道和方式筹措。

2. 新设法人融资项目的资本金可通过股东直接投资、发行股票、政府投资等渠道和方式筹措。

2.0.5 既有法人内部融资的渠道和方式包括：货币资金、资产变现、资产经营权变现、直接使用非现金资产。

2.0.6 铁路建设项目债务资金可通过商业银行贷款、政策性银行贷款、外国政府贷款、国际金融组织贷款、出口信贷、银团贷款、企业债券、国际债券、融资租赁等渠道和方式筹措。

2.0.7 准股本资金应按下列原则处理：

1. 优先股股票在铁路建设项目评价中应视为项目资本金。

2. 可转换债券在铁路建设项目评价中应视为项目债务资金。

2.0.8 在初步明确铁路建设项目的融资主体和资金来源的基础上，对于融资方案资金来源的可靠性、资金结构的合理性、融资成本高低和融资风险大小，应进行综合分析，结合融资后财务分析，比选确定融资方案。

2.0.9 资金来源可靠性分析应对投入铁路建设项目的各类资金在币种、数量和时间要求上是否能满足项目需要进行下列方面分析：

1. 既有法人内部融资的可靠性分析主要包括下列内容：

1）通过调查了解既有企业资产负债结构、现金流量状况和盈利能力，分析企业的财务状况、可能筹集到并用于拟建项目的现金数额及其可靠性；

2）通过调查了解既有企业资产结构现状及其与拟建项目的关联性，分析企业可能用于拟建项目的非现金资产数额及其可靠性。

2. 项目资本金的可靠性分析主要包括下列内容：

1）采用既有法人融资方式的铁路建设项目，应分析原有股东增资扩股和吸收新股东投资的数额及其可靠性；

2）采用新设法人融资方式的铁路建设项目，应分析各投资者认缴的股本金数额及其可靠性；

3）采用上述两种融资方式，如通过发行股票筹集资本金，应分析其获得批准的可能性。

3. 铁路建设项目债务资金的可靠性分析主要包括下列内容：

1）采用债券融资的铁路建设项目，应分析其能否获得国家有关主管部门的批准；

2）采用银行贷款的铁路建设项目，应分析其能否取得银行的贷款承诺；

3）采用外国政府贷款或国际金融组织贷款的铁路建设项目，应核实项目是否列入利用外资备选项目。

2.0.10 资金结构合理性分析系指对项目资本金与项目债务资金、项目资本金内部结构以及项目债务资金内部结构等资金比例合理性的分析。

1. 铁路建设项目资本金与债务资金的比例应符合下列要求：

1）符合国家法律和行政法规规定；

2）符合金融机构信贷规定及债权人有关资产负债比例的要求；

3）满足权益投资者获得期望投资回报的要求；

4）满足防范财务风险的要求。

2. 确定铁路建设项目资本金结构应符合下列要求：

1）根据投资各方在资金、技术和市场开发方面的优势以及项目效益分布情况，通过协商确定各方的出资比例、出资形式和出资时间；

2）采用既有法人融资方式的项目，应合理确定既有法人内部融资和新增资本金在项目融资总额中所占的比例，分析既有法人内部融资及新增资本金的可能性与合理性；

3）国内投资项目，应分析控股股东的合法性和合理性；外商投资项目，应分析外方出资比例的合法性和合理性。

3. 确定铁路建设项目债务资金结构应符合下列要求：

1）根据债权人提供债务资金的条件（包括利率、宽限期、偿还期及担保方式等）合理确定各类借款和债券的比例；

2）合理搭配短期、中长期债务比例；

3）合理安排债务资金的偿还顺序；

4）合理确定内债和外债的比例；

5）合理选择外汇币种；

6）合理确定利率结构。

2.0.11 资金成本分析应通过计算权益资金成本、债务资金成本以及加权平均资金成本，分析项目使用各种资金所实际付出的代价及其合理性，为优化融资方案提供依据。具体计算和分析应符合下列要求：

1. 权益资金成本可采用资本资产定价模型、税前债务成本加风险溢价法和股利增长模型等方法进行计算，也可直接采用投资方的预期报酬率、资金实际获取成本或既有企业的净资产收益率进行计算。

2. 债务资金成本应通过分析各种可能的债务资金的利率水平、利率计算方式（固定利率、浮动利率）、计息（单利、复利）和付息方式，以及宽限期和偿还期，计算债务资金的综合利率，并进行不同方案比选。

3. 在计算各种债务资金成本和权益资金成本的基础上，再计算整个融资方案的加权平均资金成本。

2.0.12 为减少融资风险损失，对融资方案实施中可能存在的资金供应风险、利率风险和汇率风险等风险因素应进行分析评价，并提出防范风险的对策。

3 财务分析

3.1 目的和范围

3.1.1 铁路建设项目财务分析的目的是通过预测项目的财务收益与费用，编制财务分析报表，计算财务分析指标，考察拟建项目的盈利能力、偿债能力和财务生存能力，据以判断项目的财务可行性。

3.1.2 铁路建设项目财务分析中的费用是指项目实体由于项目的实施（包括建设和运营），与无项目情况相比，预期增加的所有财务支出。

3.1.3 铁路建设项目的财务收益是指项目实体通过项目的实施（包括建设和运营），与无项目情况相比，预期增加的所有收益。

3.2 基础数据与参数选取

3.2.1 财务分析的基础数据与参数选取是否合理，直接影响财务分析结论。在分析计算财务收益和费用、编制财务分析报表、计算财务分析指标之前，应首先对使用的基础数据和采用的参数进行认真研究，并对其合理性和依据予以说明。

铁路建设项目除了要对投入物价格、税率、汇率、计算期、固定资产折旧率、无形和其他资产摊销年限以及财务基准收益率等参数予以说明外，尤其应对运量、运价率、运营成本费率等与铁路行业有关的重要基础数据和参数予以核实并作出具体说明。

3.2.2 运量是计算铁路建设项目财务收益和费用的基础数据，根据项目经济评价需要，必要时要合理测算项目相关运输服务的发到量、周转量和相关线路的运输密度等运量指标。

3.2.3 根据铁路建设项目评价需要，铁路运营成本费率应按可变运营成本费率和固定运营成本费率分别测算。可变运营成本费率是指在运输服务过程中，单位作业量所发生的运营成本；固定运营成本费率是指平均每营业公里线路每年发生的固定运营成本。

3.2.4 运价率是铁路运输服务的收费标准，是计算铁路建设项目运输收入的重要参数。运价率的确定要有充分根据，应在财务分析过程中予以明确说明。

3.2.5 铁路建设项目固定资产的折旧率应执行国家有关部门的最新规定。不同类型的铁路固定资产折旧率差别很大。为简化计算，可通过测算项目综合折旧率来近似计算项目在运营期各年度的土建工程固定资产折旧费。有条件时，也可以分类计算拟建项目各年度的固定资产折旧费。当分类计算折旧时，要注意那些寿命短于运营期的固定资产在运营期内的一次甚至多次更新投资和残余值的回收。

3.2.6 财务基准收益率是判断项目财务上是否可行的标准，也是计算项目财务净现值的折现率。对于以政府投资为主的铁路建设项目，财务基准收益率按国家有关部门的最新规定执行；对于完全或主要由企业和社会资本投资的铁路建设项目，可根据项目融资资金加权平均成本、项目业主投资期望以及消费者承受能力并参考行业规定标准确定项目财务基准收益率。

3.3 费用估算

3.3.1 铁路建设项目财务分析中的费用一般包括项目总投资、铁路运营成本、财务费用、营业外净支出以及依法交纳的各项税费等。

3.3.2 项目建设总投资系指项目建设和运营所需投入的全部资金，包括：项目建设期投资、项目运营期投资、关联投资和流动资金。

1. 项目建设期投资。铁路建设项目建设期投资系指为使项目能够开始运营在建设期内所有必要的投资，包括：土建工程投资、建设期利息以及需要在建设期末投入但在运营初期使用的机车车辆购置费和铺底流动资金等。

2. 项目运营期投资。运营期投资包括随着运量的增长需要增置和更新机车车辆、集装箱等移动运输设备的购置费，运营期可能需要追加的工程投资，寿命短于项目运营期的固定资产的更新投资等。

3. 关联投资费用。如果在项目实体范围中存在辅助性规划关联项目，还需要考虑拟建项目的关联投资费用。

4. 流动资金。流动资金是指项目投产运营后占用并在生产运营中周转使用的资金。铁路建设项目的流动资金占用额采用扩大指标估算法进行估算。

在完成项目投资估算的基础上，应进一步根据项目进度安排，编制项目投资分期使用计划，明确各期人民币和外汇（利用外资项目）的使用额度。

3.3.3 运营成本。拟建项目的运营成本是指项目实体在有无项目两种情况下，所发生的运营成本增量。可按以下概念框架进行计算：

拟建项目运营成本＝项目实体为完成项目相关运输服务运营成本增量
＝项目实体独立完成的项目相关运输服务运营成本增量
＋项目实体与其他运输企业共同完成的项目相关运输服务运营成本增量

项目实体独立完成的项目相关运输服务运营成本增量＝发到成本增量 ＋ 运行成本增量

项目实体与其他运输企业共同完成的项目相关运输服务运营成本增量＝	发送成本增量 ＋ 运行成本增量	（交出运量）
	＋运行成本增量 ＋ 到达成本增量	（接入运量）
	＋运行成本增量	（通过运量）

在以上概念框架中，项目相关运输服务是指：有项目时，诱发运量、转移运量、正常运量；无项目时，与转移运量和正常运量相对应的趋势运量。

3.3.4 财务费用。财务费用主要包括运营期固定资产长期贷款、流动资金贷款和短期贷款利息以及汇兑净损益、手续费等其他费用。铁路建设项目财务分析时只考虑长短期贷款利息，其他部分可忽略不计。

3.3.5 营业外净支出。营业外净支出是指营业外支出减去营业外收入后的净额，可按该年度有无项目换算周转量（万换算吨·公里）增量乘以营业外净支出定额（元/万换算吨·公里）计算。营业外净支出定额可参照全路或项目相关铁路运输企业的统计资料与项目实体的具体情况，分析调整后确定。

3.3.6 税费。根据国家规定，目前铁路运输企业应缴纳的税金及附加费用主要包括营业税、城市维护建设税、企业所得税及教育费附加等，税率及计征办法按国家有关规定取值，税基按有无项目时的增量计算。

3.3.7 固定资产折旧费、无形资产及其他资产摊销费是项目投资在年度运输成本中的反映，它们和铁路运营成本、财务费用以及营业外净支出共同构成项目运输总成本。为分析计算相应指标，在进行财务分析时，应同时予以估算。

1. 固定资产折旧。铁路建设项目的固定资产折旧费由土建工程形成的线、桥、隧、涵、房屋等固定运输设施和机车车辆、集装箱等移动运输设备的折旧费构成。年折旧费按固定资产原值乘以相应的折旧率求得。

2. 无形及其他资产摊销。按有关规定，无形资产从开始使用之日起，在有效使用年限内平均摊入成本。法律和合同规定了有效期限或受益年限的，摊销年限从其规定，否则摊销年限应注意符合税法要求。无形资产摊销一般采用平均年限法，且不计残值；其他资产的摊销年限应注意符合税法要求，可以采用平均年限法，不计残值。

3.4 收益估算

3.4.1 铁路建设项目的收益主要包括运输收入、土建工程和机车车辆等固定资产残余值回收、流动资金回收及政府财政补贴、社会捐赠等其他收入。

3.4.2 运输收入，包括客货运输收入和行李、包裹、邮政等运杂费收入以及为其他相关运输企业提供运输设施、设备使用和人员服务等相应的清算收入。为便于操作，通过以下概念框架计算拟建项目某研究年度的运输收入：

拟建项目运输收入＝项目实体为完成项目相关运输服务客货运输收入增量
＝项目实体独立完成的项目相关运输服务客货运输收入增量
＋项目实体与其他运输企业共同完成的项目相关运输服务客货运输收入增量

项目实体独立完成的项目相关运输服务货运收入增量＝货物发到运价率×货物发到量增量＋运行运价率×货物周转量增量

项目实体独立完成的项目相关运输服务客运收入增量＝旅客运价率×旅客周转量增量

项目实体与其他运输企业共同完成的项目相关运输服务的货运收入增量＝1/2×货物发到运价率×货物发送量增量＋运行运价率×货物周转量增量　（交出运量）
＋1/2×货物发到运价率×货物到达量增量
＋运行运价率×货物周转量增量　（接入运量）
＋运行运价率×货物周转量增量　（通过运量）

项目实体与其他运输企业共同完成的项目相关运输服务客运收入增量＝旅客运价率×旅客周转量增量

在以上概念框架中，项目相关运输服务是指：有项目时，诱发运量、转移运量和正常运量；无项目时，与转移运量和正常运量相对应的趋势运量。

运杂费收入＝客货运输收入×运杂费收入系数

3.4.3 资产残余值回收。铁路建设项目的固定资产在计算期内和计算期末形成的残余值应予以回收作为项目的收益；投入的流动资金也需要在计算期末一次性回收作为项目收益。固定资产残余值计算公式如下：

固定资产残余值＝固定资产原值×（1－折旧率×使用年数）

3.4.4 其他收益。如果项目实体还有接受政府财政补贴、社会捐赠和其他类型的收入，应在接受当年作为其他收益列入现金流入栏目。

3.5 分析内容与指标

3.5.1 铁路建设项目财务分析是项目融资方案选择的重要依据，包括融资前分析和融资后分析。融资前分析重点分析项目的总体盈利能力，计算全部投资的盈利指标，为初步投资决策和融资方案提供依据；融资后分析是在拟定债务融资方案的基础上分析项目资本金的盈利能力、偿债能力和项目的财务生存能力，判断项目的可行性。在铁路建设项目规划研究和项目建议书阶段，可只做融资前分析。

3.5.2 融资后财务分析应在项目财务效益与费用估算的基础上进行，分析内容一般包括盈利能力分析、偿债能力分析和生存能力分析。铁路建设项目财务分析的具体内容应根据项目的性质和目标确定。

对于经营性铁路建设项目，应对项目进行全面分析，分析项目的盈利、偿债和财务生存能力，判断项目的财务可接受性，明确项目对项目实体和投资者的价值贡献，为项目决策提供依据。

对于非经营性铁路建设项目，主要分析项目的财务生存能力，必要时应提出使项目财务上可持续的政策和建议。

3.5.3 铁路建设项目财务分析除了需要在项目层面进行融资前和融资后分析外，必要时还应根据业主或有关部门的要求对某一投资方进行财务分析。

3.5.4 铁路建设项目财务分析指标主要包括盈利能力指标和偿债能力指标。财务盈利能力指标用来考察投资的盈利水平，主要包括项目投资财务内部收益率和财务净现值、项目资本金财务内部收益率、投资回收期、总投资收益率、项目资本金净利润率等；财务偿债能力指标用于分析判断财务主体的偿债能力，主要包括资产负债率、利息备付率、偿债备付率和借款偿还期等。以上分析指标，可根据项目特点、财务分析目的以及有关部门和业主要求等选用。

1. 财务内部收益率（*FIRR*），系指能使项目计算期内净现金流量现值累计等于零时的折现率，它表示项目占用资金的盈利率，是考察项目盈利能力的主要动态指标。财务内部收益率按项目投资和资本金分别计算，必要时可计算项目投资各方财务内部收益率。财务内部收益率使以下公式成立并通过其进行计算：

$$\sum_{t=1}^{n}(CI-CO)_t(1+FIRR)^{-t}=0 \qquad (3.5\text{-}1)$$

式中 CI——现金流入；

CO——现金流出；

$(CI-CO)_t$——第 t 年的净现金流量；

n——项目计算期。

财务内部收益率大于或等于基准收益率时，项目方案在财务上是可接受的，财务内部收益率越高，项目的盈利能力越大。项目投资财务内部收益率、项目资本金财务内部收益率和投资各方财务内部收益率可以设定不同判别基准。

2. 财务净现值（$FNPV$），系指按设定的折现率（一般采用基准收益率 i_c）计算的项目计算期内净现金流量的现值之和，可用下式计算：

$$FNPV = \sum_{t=1}^{n} (CI-CO)_t \ (1+i_c)^{-t} \tag{3.5-2}$$

式中 CI——现金流入；

CO——现金流出；

$(CI-CO)_t$——第 t 年的净现金流量；

n——计算期年数；

i_c——基准收益率。

一般情况下，财务盈利能力分析只计算项目投资财务净现值，可根据需要选择计算所得税前净现值或所得税后净现值。

按设定的折现率计算的财务净现值大于或等于零，项目方案在财务上可考虑接受。

3. 项目投资回收期（P_t），系指以项目净收益回收项目投资所需要的时间，一般以年为单位，是考察项目在财务上投资回收能力的主要静态指标。投资回收期从建设开始年起算，如由运营开始年算起应予以说明。项目投资回收期可采用下式计算：

$$\sum_{t=1}^{P_t} (CI-CO)_t = 0 \tag{3.5-3}$$

项目投资回收期也可借助项目投资现金流量表计算，项目投资现金流量表中累计净现金流量由负变为零时的时点，即为项目投资回收期，并可按下式计算：

$$P_t = T - 1 + \frac{\left|\sum_{i=1}^{T-1} (CI-CO)_i\right|}{(CI-CO)_T} \tag{3.5-4}$$

式中 T——各年累计净现金流量首次为正值或零时的年数。

投资回收期短，表明项目投资回收快，抗风险能力强。

4. 投资收益率，有总投资收益率（ROI）和项目资本金净利润率（ROE）之分。总投资收益率表示项目总投资的盈利水平，是指项目达到设计能力后正常年份的年息税前利润或运营期内年平均息税前利润（$EBIT$）与项目总投资（TI）的比率；项目资本金净利润率表示项目资本金的盈利水平，是指项目达到设计能力后正常年份的净利润或运营期内年平均净利润（NP）与项目资本金（EC）的比率。总投资收益率的计算公式为：

$$ROI = \frac{EBIT}{TI} \times 100\% \tag{3.5-5}$$

式中 $EBIT$——正常年份的年息税前利润或运营期内年平均息税前利润；

TI——项目总投资。

项目总投资收益率高于同行业收益率参考值，表明用总投资收益率表示的盈利能力满足要求。

项目资本金净利润率的计算公式为：

$$ROE = \frac{NP}{EC} \times 100\% \tag{3.5-6}$$

式中　NP——正常年份的年净利润或运营期内年平均净利润；

EC——项目资本金。

项目资本金净利润率高于同行业净利润率参考值，表明用项目资本金净利润率表示的盈利能力满足要求。

5. 资产负债率（$LOAR$），系指年末负债总额（TL）与资产总额（TA）的比值，其计算式为：

$$LOAR=\frac{TL}{TA}\times 100\% \tag{3.5-7}$$

式中　TL——年末负债总额；

TA——年末资产总额。

适度的资产负债率表明企业经营安全、稳健、具有较强的筹资能力，也表明企业和债权人的风险较小。对该指标的分析应结合国家宏观经济状况、行业发展趋势、企业竞争环境等具体条件判定。在铁路建设项目财务分析中，在长期债务还清后可不计算资产负债率。

6. 利息备付率（$IPCR$），系指在借款偿还期内的息税前利润（$EBIT$）与应付利息（PI）的比值，它从付息资金来源的充裕性角度反映项目偿付债务利息的保障程度，计算公式为：

$$IPCR=\frac{EBIT}{PI} \tag{3.5-8}$$

式中　$EBIT$——息税前利润；

PI——计入总成本费用的全部利息。

利息备付率应分年计算，利息备付率高，表明利息偿付的保障程度高。利息备付率应大于1，并结合债权人的要求确定。

7. 偿债备付率（$DSCR$），系指在借款偿还期内，用于计算可还本付息的资金（$EBITDA-T_{AX}$）与应还本付息金额（PD）的比值，它表示可用于还本付息的资金偿还借款本息的保障程度，计算公式为：

$$DSCR=\frac{EBITDA-T_{AX}}{PD} \tag{3.5-9}$$

式中　$EBITDA$——息税前利润加折旧和摊销费；

T_{AX}——企业所得税；

PD——应还本付息金额，包括还本金额和计入总成本费用的全部利息。融资租赁费可视同借款偿还。运营期内的短期借款本息也应纳入计算。

如果项目在运营期内有维持运营投资，可用于还本付息的资金应扣除维持运营投资。偿债备付率应分年计算，偿债备付率高，表明可用于还本付息的资金保障程度高。偿债备付率应大于1，并结合债权人的要求确定。

8. 借款偿还期，是指项目运营后可用于还款的资金偿还投资借款本金和建设期利息（用资本金支付的建设期利息除外）所需要的年限。当计算的借款偿还期能满足贷款机构要求还款期限时，可认为项目具有清偿能力。借款偿还期可根据表3-7“借款还本付息计划表”用以下公式计算：

$$I_d = \sum_{t=1}^{P_d} R_t \tag{3.5-10}$$

式中 R_t——第 t 年可用于还款的资金；

P_d——借款偿还期；

I_d——借款本金和建设期利息。

3.6 分析报表

3.6.1 铁路建设项目财务分析报表包括各类财务现金流量表、利润与利润分配表、财务计划现金流量表、资产负债表和借款还本付息计划表等。

3.6.2 财务现金流量表，反映计算期内的现金流入流出，用以计算财务内部收益率和财务净现值等指标。财务现金流量表可分以下三种：

1. 项目投资现金流量表（见表 3-1），用于计算项目投资财务内部收益率及净现值等财务分析指标。

表 3-1 项目投资现金流量表 人民币单位：万元

序号	项目	合计	建设期			运营期		
			1	……	m	m+1	……	n
			20××年	20××年	20××年	20××年	20××年	20××年
	能力利用率（%）							
1	现金流入							
	1.1 运输收入							
	1.2 回收土建工程固定资产余值							
	1.3 回收机车车辆余、残值							
	1.4 回收流动资金（全值）							
	1.5 其他现金流入							
	其中：补贴收入							
2	现金流出							
	2.1 土建工程投资							
	2.2 机车车辆购置费							
	2.3 流动资金（全值）							
	2.4 运营成本							
	其中：机车车辆租赁费							
	2.5 运输税金及附加							
	2.6 营业外净支出							
	2.7 运营期投资							
	其中：机车车辆购置费							
	关联投资费用							

续表 3-1

序号	项　　目	合计	建设期			运营期		
			1	……	m	$m+1$	……	n
			20××年	20××年	20××年	20××年	20××年	20××年
3	所得税前净现金流量（1－2）							
4	累计所得税前净现金流量							
5	调整所得税							
6	所得税后净现金流量（3－5）							
7	累计所得税后净现金流量							
计算指标	1. 项目投资财务内部收益率（所得税前）； 2. 项目投资财务内部收益率（所得税后）； 3. 项目投资财务净现值（所得税前）； 4. 项目投资财务净现值（所得税后）； 5. 项目投资回收期（所得税前）； 6. 项目投资回收期（所得税后）							

注：1. 根据项目的具体需要可在现金流入、流出栏目里增加调整项目。
2. 调整所得税为以息税前利润为基数计算的所得税，区别于“利润与利润分配表”等其他表的所得税。
3. 2.2 项目中，机车车辆购置费仅包括建设期末为运营初期购置的机车车辆费，其余反映在运营期投资中。

2. 项目资本金现金流量表（见表 3-2），用于计算项目资本金财务内部收益率等财务分析指标。

表 3-2　项目资本金现金流量表　　人民币单位：万元

序号	项　　目	合计	建设期			运营期		
			1	……	m	$m+1$	……	n
			20××年	20××年	20××年	20××年	20××年	20××年
1	现金流入							
	1.1　运输收入							
	1.2　回收土建工程固定资产余值							
	1.3　回收机车车辆余、残值							
	1.4　回收流动资金（全值）							
	1.5　其他现金流入							
	其中：补贴收入							
2	现金流出							
	2.1　土建工程投资（资本金）							
	2.2　机车车辆购置费（资本金）							

续表 3-2

序号	项　目	合计	建设期			运营期		
			1	……	m	$m+1$	……	n
			20××年	20××年	20××年	20××年	20××年	20××年
2	2.3　流动资金（资本金）							
	2.4　借款本金偿还							
	2.5　借款利息支付							
	其中：长期贷款利息							
	短期贷款利息							
	流动资金借款利息							
	2.6　运营成本							
	其中：机车车辆租赁费							
	2.7　运输税金及附加							
	2.8　营业外净支出							
	2.9　所得税							
	2.10　运营期投资							
	其中：机车车辆购置费							
	关联投资费用							
3	净现金流量（1—2）							
4	累计净现金流量							
计算指标	资本金财务内部收益率							

注：1. 根据项目的具体需要可在现金流入、流出栏目里增加调整项目。

2. 土建工程投资中含建设期利息，2.2项目中，机车车辆购置费仅包括建设期末为运营初期购置的机车车辆费，其余反映在运营期投资中。

3. 投资各方现金流量表（见表3-3），用于计算投资各方财务内部收益率等财务分析指标。

表 3-3　投资各方现金流量表　　　人民币单位：万元

序号	项　目	合计	建设期			运营期		
			1	……	m	$m+1$	……	n
			20××年	20××年	20××年	20××年	20××年	20××年
1	现金流入							
	1.1　实分利润							
	1.2　资产处置收益分配							
	1.3　租赁费收入							
	1.4　技术转让收入							
	1.5　其他现金流入							

续表 3-3

序号	项目	合计	建设期			运营期		
			1	……	m	$m+1$	……	n
			20××年	20××年	20××年	20××年	20××年	20××年
2	现金流出							
	2.1 实缴资本							
	2.2 租赁资产支出							
	2.3 其他现金流出							
3	净现金流量（1－2）							
4	累计净现金流量							
5	累计净现值							
计算指标	投资各方财务内部收益率							

注：1. 本表可按不同投资方分别编制。

2. 表中现金流入是指出资方因项目实施预期获得的各种收入，现金流出是指出资方因项目实施的预期的各种投入支出。表中科目可根据项目特点和具体情况调整。

3.6.3 利润与利润分配表（见表 3-4），反映项目计算期内各年度运输收入、总成本费用、利润总额等情况以及所得税后利润的分配，用于计算总投资收益率、项目资本金净利润率等指标。

表 3-4 利润与利润分配表 人民币单位：万元

序号	项目	合计	建设期			运营期		
			1	……	m	$m+1$	……	n
			20××年	20××年	20××年	20××年	20××年	20××年
1	运输收入							
2	运输税金及附加							
3	总成本费用							
	3.1 营业支出							
	3.1.1 运营成本							
	其中：机车车辆租赁费							
	3.1.2 折旧							
	3.1.3 无形及其他资产摊销							
	3.1.4 财务费用（借款利息）							
	3.2 营业外净支出							

续表 3-4

序号	项　目	合计	建设期			运营期		
			1	……	m	m+1	……	n
			20××年	20××年	20××年	20××年	20××年	20××年
3	3.3　其他支出							
	其中：关联投资费用							
4	补贴收入							
5	利润总额（1－2－3＋4）							
6	弥补以前年度累计亏损							
7	应纳税所得额（5－6）							
8	所得税							
9	净利润（5－8）							
10	期末分配利润							
11	可供分配利润（9＋10）							
12	提取法定盈余公积金							
13	可供投资者分配利润（11－12）							
14	应付优先股股利							
15	提取任意盈余公积金							
16	应付普通股股利（13－14－15）							
17	各投资方利润分配							
	其中：××方							
	××方							
18	未分配利润（13－14－15－17）							
19	息税前利润（利润总额＋利息支出）							
20	息税折旧摊销前利润（息税前利润＋折旧＋摊销）							

注：1. 第 14～16 可根据企业性质选填。

2. 法定盈余公积金按净利润计提。

3.6.4 财务计划现金流量表（见表 3-5），反映项目在计算期内各年的投资、融资及经营活动的现金流入和流出，用于计算累计盈余资金，分析项目的财务生存能力和财务可持续性。

表 3-5 财务计划现金流量表 人民币单位：万元

序号	项 目	合计	建设期			运营期		
			1	……	m	$m+1$	……	n
1	经营活动净现金流量							
	1.1 现金流入							
	1.1.1 运输收入							
	1.1.2 补贴收入							
	1.1.3 其他收入							
	1.2 现金流出							
	1.2.1 运营成本							
	1.2.2 营业税及附加							
	1.2.3 所得税							
	1.2.4 其他流出							
2	投资活动净现金流量							
	2.1 现金流入							
	2.2 现金流出							
	2.2.1 建设投资							
	2.2.2 维护运营投资							
	2.2.3 流动资金							
	2.2.4 其他流出							
3	融资活动净现金流量							
	3.1 现金流入							
	3.1.1 权益资金投入							
	3.1.2 建设投资借款							
	3.1.3 流动资金借款							
	3.1.4 债券							
	3.1.3 短期借款							
	3.1.4 其他流入							
	3.2 现金流出							
	3.2.1 各种利息支出							
	3.2.2 偿还债务本金							
	3.2.3 应付利润（股利分配）							
	3.2.4 其他流出							
4	净现金流量（1+2+3）							
5	累计盈余资金							

注：1. 对于新设项目法人，投资活动的现金流入应为零。
2. 对于外商投资项目，职工奖励与福利基金应作为经营活动现金流出。
3. 表中栏目可根据具体需要调整。

3.6.5 资产负债表，用于综合反映项目在计算期内各年年末资产、负债和所有者权益的增减变化及对应关系，计算资产负债率（见表 3-6）。

表 3-6　资产负债表　　人民币单位：万元

序号	项　目	合计	建设期			运营期		
			1	……	m	m+1	……	n
			20××年	20××年	20××年	20××年	20××年	20××年
1	资产							
	1.1　流动资产总额							
	1.1.1　流动资金（全值）							
	1.1.2　累计盈余资金							
	1.2　在建工程占用资金							
	1.3　固定资产净值							
	1.3.1　土建工程固定资产净值							
	1.3.2　机车车辆固定资产净值							
	1.4　无形及其他资产净值							
2	负债及所有者权益							
	2.1　负债总额							
	2.1.1　流动负债总额							
	2.1.1.1　短期贷款							
	2.1.1.2　其他							
	2.1.2　建设投资借款							
	2.1.3　流动资金借款							
	2.2　所有者权益							
	2.2.1　资本金（自有资金）							
	2.2.2　资本公积金							
	2.2.3　累计盈余公积金							
	2.2.4　累计未分配利润							
计算指标：资产负债率（%）								

注：对于外商投资项目，2.2.3 项目中，累计盈余公积金应该为累计储备基金和企业发展基金。

3.6.6 借款还本付息计划表，反映项目在计算期内各年度借款本金偿还和利息支付情况，用以计算利息备付率、偿债备付率等指标表（见表 3-7）。

表 3-7　借款还本付息计划表　　　人民币单位：万元

序号	项　　目	合计	建设期			运营期		
			1	……	m	$m+1$	……	n
			20××年	20××年	20××年	20××年	20××年	20××年
1	借款还本付息							
	1.1　年初借款本息累计							
	1.2　本年借款							
	1.3　本年应付利息							
	1.4　本年还本付息							
	1.4.1　还本							
	1.4.2　付息							
	1.5　年末本息余额							
2	借款偿还本息资金							
	2.1　资金来源							
	2.1.1　可用于还款利润							
	2.1.2　基本折旧费							
	2.1.3　无形及其他资产摊销费							
	2.1.4　其他资金							
	其中：运营期借款							
	用于付息的资本金							
	计入成本的利息							
	以前年度现金节余							
	2.2　运营期其他必要支出							
	2.2.1　土建工程投资							
	2.2.2　机车车辆购置费							
	2.2.3　自筹流动资金							
	2.3　可用于还款资金 R_t（2.1－2.2）							
3	息税前利润							
4	偿债能力评价指标							
	4.1　利息备付率（%）							
	4.2　偿债备付率（%）							
	4.3　借款偿还期							

注：1. 借款中包括各种借款和债券，必要时可一一单列。

2. 利息备付率和偿债备付率与贷款偿还期计算的前提条件不同，它们从不同角度表示项目的清偿能力。《建设项目经济评价方法与参数》（中国计划出版社，2006）已不再要求计算项目贷款偿还期指标，铁路建设项目如无特别要求可不计算贷款偿还期指标。

4 经济费用效益分析

4.1 目的和范围

4.1.1 铁路建设项目经济费用效益分析是从资源合理配置的角度，考察项目所耗费的社会资源以及项目对社会福利所做出的贡献，评价项目的经济合理性。

4.1.2 经济分析和财务分析的主要区别在于财务分析的着眼点是分析计算铁路建设项目对项目实体的财务影响，而经济分析的着眼点是分析计算铁路建设项目对所有社会成员的经济影响。因此，财务分析所涉及的范围仅限于项目实体，采用财务价格；而经济分析所涉及的范围是整个社会经济体系，采用经济价格。

4.1.3 不同的铁路建设项目，经济效益和费用的表现形式可能有很大差别，经济费用效益分析时应根据项目的具体特点，从不同的角度入手，用不同的方法，按“有无对比”的原则分析与计算项目的经济费用与效益。铁路建设项目经济费用效益分析一般包含下列过程：

1. 识别项目的经济费用和效益。
2. 量化项目的经济费用和效益。
3. 以统一的货币形式计算经过量化的经济费用和效益。
4. 编制经济费用效益分析报表，计算各种分析指标，论证项目的经济合理性。

4.2 基础数据和参数测算

4.2.1 铁路建设项目经济费用效益分析需要的基础数据与参数，主要包括运量及相应的运输服务特性、社会折现率、投入物影子价格及转换系数、各种运输方式的运价及运输成本、时间价值、舒适程度度量与评价以及项目相关路网技术经济属性等。项目经济费用效益分析必须首先研究、分析与测算这些基础数据与参数，并且根据需要进行归纳整理，必要时编制各种表格以便于计算项目的各项经济费用和效益。

4.2.2 经济费用效益涉及诱发运量、转移运量以及正常运量等。应对运量预测结果和形式进行分析整理，必要时需要编制各种形式的运量 OD 表及相应的运输服务属性和相关路网运量表，以便完全满足项目经济费用效益计算需要。

4.2.3 在经济分析中应采用影子价格计算各项投入物的经济价值。随着我国市场经济体制的不断完善，目前大部分货物已处于供求基本平衡的状况，其市场价格可近似反映本身的经济价值。对于少数价格扭曲、供求失衡货物的影子价格，应根据具体情况，如外贸货物、土地、人力等有限自然资源等采用不同方法进行测算。

4.2.4 社会折现率反映的是社会投资的边际收益率，是判断项目经济上是否可行的标准，也是计算项目经济净现值的折现率。铁路建设项目的社会折现率应执行国家有关部门最新统一规定。

4.2.5 铁路建设项目投入非常繁杂，经济费用效益分析时不可能一一测算其影子价格，为便于操作，一般按机车车辆购置费、运营成本、流动资金、土建工程投资等进行分类，通过测算影子价格换算系数计算它们的经济价值。另外，对于财务分析中的劳动力工资，可通过影子工资换算系数换算为影子工资。对于使用外汇的铁路建设项目，需要通过影子汇率换算系数，将实际使用的外汇换算成影子外汇。

4.2.6 铁路建设项目经济费用效益分析涉及大量运输费用节省效益，包括时间节省效益、舒适度提高效益、交通事故减少效益等，这些效益的识别与计算都涉及相关运输设施（包括各种运输方式）的技术经济属性数据。主要包括：运营成本费率、运价率、旅客平均占用空间、旅行速度等。

4.2.7 铁路建设项目经济费用效益分析中，需要将一些可量化的经济效益货币化，以便于比较和汇总，主要涉及时间节省、环境影响和旅客舒适程度提高效益等。需要研究测定单位时间价值、舒适程度度量指标的单位价值以及环境影响指标的评价等。

4.3 效益的识别与计算

4.3.1 铁路建设项目经济效益的识别与计算，应以有关经济理论、基本概念为基础，科学、准确识别铁路建设项目的各种效益，避免错算、漏算和重复计算。

4.3.2 铁路建设项目的经济效益可以分成三类进行识别与计算，一是在项目计算期内实现的直接效益；二是在项目计算期内实现的间接效益；三是项目余值效益，主要是在项目计算期以后预期产生的项目资产残余值效益。

4.3.3 直接效益是指由项目转移运量、正常运量和诱发运量通过交通运输市场产生并分布于生产者和消费者的经济效益。由于形成机理和计算方法的不同，直接效益可通过转移运量和诱发运量分别计算。正常运量的直接效益和转移运量的计算方法完全相同。

4.3.4 转移运量和正常运量产生的直接效益是指由于铁路建设项目的实施，使转移运量和正常运量的运输服务特性发生了变化，这种变化导致了运输服务的生产者和消费者运输费用的节省，形成项目的直接经济效益。主要表现为旅客旅行时间节省效益、货物运送时间节省效益、运营成本节省效益、旅客舒适程度提高效益、货物运输破损程度降低效益、其他运输费用节省效益、避免投资的效益等。

1. 旅客时间节省效益（BPTS）。铁路建设项目旅客转移运量的时间节省效益，等于项目涉及的各交通运输市场，即与项目有关的所有 OD 之间各种旅客转移运量所产生的时间节省效益之和，可以通过以下公式进行计算：

$$BPTS = \sum_{m,ij \in P_{ij}} (Q_{ij,m} \times VOH_{ij,m} \times T_{ij,m}) \qquad (4.3\text{-}1)$$

式中 $Q_{ij,m}$——在交通小区 i 到交通小区 j 之间第 m 种旅客转移运量。m 表示的种类包括不同运输方式之间的转移，同一运输方式不同运输径路之间的转移，同方式同径路旅行速度不同的“转移”（如正常运量）等。

$T_{ij,m}$——在交通小区 i 到交通小区 j 之间第 m 种转移运量每名旅客平均节省的时间。

$VOH_{ij,m}$——在交通小区 i 到交通小区 j 之间第 m 种转移运量旅客单位时间价值。实际操作时，只有特殊情况下才在同一铁路建设项目中，区分地区和旅客类别的时间价值。

P_{ij}——拟建项目相关 OD（i，j）的集合。

2. 货物运送时间节省效益（BFTS）。货物运送时间节省效益与运输货物价值、紧缺程度及货物对时间的敏感性等因素有关，一般高值货物、对时间较敏感货物和紧缺货物时间节省效益较高，有条件时应尽量分类计算。如不便分类，应分析确定货物的构成和综合价值。货物运送时间节省效益等于时间节省数量和单位时间价值的乘积。一个铁路建设项目的货物运送时间节省效益等于项目所涉及的所有货物转移运量时间节省效益的总和，计算公式和旅客时间节省效益类似，但符号表示的含义有所不同：

$$BFTS = \sum_{m,ij \in P_{ij}} (Q_{ij,m} \times VOH_{ij,m} \times T_{ij,m}) \tag{4.3-2}$$

式中 $Q_{ij,m}$——在交通小区 i 到交通小区 j 之间第 m 种货物转移运量。m 表示的种类包括不同运输方式之间的转移，同一运输方式不同运输径路之间的转移，同径路行驶速度不同的“转移”等。

$T_{ij,m}$——在交通小区 i 到交通小区 j 之间第 m 种转移运量单位货运量平均节省的时间（吨·小时或万吨·小时）。

$VOH_{ij,m}$——在交通小区 i 到交通小区 j 之间第 m 种货物转移运量货物单位时间价值。可以用运输货物的影子价格乘以社会折现率作为单位运输货物的年时间价值，再除以一年的小时数可得到单位货物每小时的时间价值。实际操作时，不同货物应采用不同的单位时间价值，但除非有特殊理由，一般不区分不同地区间单位货物的时间价值。

P_{ij}——拟建项目相关 OD（i，j）的集合。

3. 运营成本节省效益（BOCS）。运营成本节省效益是铁路建设项目最重要的经济效益之一，与其他运输方式相比，除水运之外，铁路是运营成本最低的运输方式。铁路建设项目的实施，由其他运输方式转移来的运量，将伴随大量运输成本节省。由铁路其他径路转移的铁路运量，也往往由于径路长度的缩短而产生运营成本节省效益。即便是铁路径路没有发生变化，运输设备和牵引方式发生了变化，如单层集装箱变双层集装箱运输，内燃机车牵引变电力机车牵引，都可以产生运营成本节省效益。

计算铁路建设项目运营成本节省效益也应该比照以上介绍的时间节省效益的计算方法与思路，通过各 OD 间转移运量一一计算，但考虑到运营成本主要与各交通运输方式的线路属性及运输特点关系密切，所以对于大多数铁路建设项目的运营成本节省效益可采用以下只涉及相关路网运量的简单公式进行计算：

$$BOCS = \sum_{l \in U,k} M_{lk}^{d} D_l R_{lk} - \sum_{l \in V,k} M_{lk}^{d} D_l R_{lk} \tag{4.3-3}$$

式中 U——项目相关路网上，无项目时转移运量经过的线路区段 l 的集合。

V——项目相关路网上，有项目时转移运量经过的线路区段 l 的集合。

M_{lk}^{d}——线路区段 l 上经过的转移运量。k 表示运输对象的品类，运输品类一般只分为客运和货运。

D_l——项目相关路网上线路区段 l 的长度。

R_{lk}——在线路区段 l 上进行客货运输时平均吨·公里（k 为货物时）、人·公里（k 为旅客时）运营成本，即运营经济成本费率。

4. 旅客舒适度提高效益（BCON）。舒适的旅客运输环境可视为一种可供社会消费的资源。如果一个铁路建设项目使旅客从相对不舒适的运输服务转移到相对舒适的运输服务，使不舒适的程度降低了（相当于舒适程度提高了），可以看作是一种特殊的广义费用节省效益。

一般说来，人均空间越大，旅客在旅行中就越舒适方便，所遭受的痛苦与不便越少，因而与此相应的广义费用越低，反之亦然。但人均占用空间不是反应舒适度的唯一因素。必要时，可把有无空调设备、噪声与颠簸程度等其他因素作为在人均占用空间基础上的综合附加系数予以考虑。

一个铁路建设项目转移运量舒适度提高经济效益可以通过以下公式进行计算：

$$BCON = \sum_{m,ij \in P_{ij}} (Q^{d}_{ij,m} \times GP_{ij,m}) \tag{4.3-4}$$

式中 P_{ij}——拟建项目相关 OD（i，j）的集合。

$Q^{d}_{ij,m}$——在交通小区 i 到交通小区 j 之间第 m 种旅客转移运量。m 表示的种类包括不同运输方式之间的旅客转移，同一运输方式不同运输径路之间的旅客转移，同径路不同舒适度的旅客“转移”等。

$GP_{ij,m}$——在 i 到 j 之间，一名第 m 种转移旅客有关舒适度广义费用的节省效益，可以通过以下两个公式计算：

$$GP_{ij,m} = \sum_{l \in P^{0}_{m}} (GP_{ij,m,l} \times T_{ij,m,l}) - \sum_{l \in P^{1}_{m}} (GP_{ij,m,l} \times T_{ij,m,l}) \tag{4.3-5}$$

$$GP_{ij,m,l} = E/(SP_{ij,m,l})^{\beta} + \alpha_{ij,m,l} \tag{4.3-6}$$

式中 $GP_{ij,m,l}$——在 i 到 j 之间，一名第 m 种转移旅客在连接线 l 上运行单位时间（1 小时）时有关舒适度的广义费用。

$T_{ij,m,l}$——在交通小区 i 到交通小区 j 之间第 m 种转移运量每名旅客在连接线 l 上花费的时间。

$SP_{ij,m,l}$——在 i 到 j 之间第 m 种转移旅客在连接线 l 上乘坐的交通工具的人均占用空间。

$\alpha_{ij,m,l}$——在 i 到 j 之间第 m 种转移旅客在连接线 l 上运行时除占用空间大小以外其他有关舒适因素单位小时附加广义费用。除非在特殊情况下，即其他因素对舒适度的影响不可忽略时，一般可忽略。

P^{0}_{m}——无项目时，转移运量 m 经由的路径连接线的集合。

P^{1}_{m}——有项目时，转移运量 m 经由的路径连接线的集合。

l——径路 P^{0}_{m} 或径路 P^{1}_{m} 上的一段广义连接线。它既可以表示径路中的实际线路，如铁路线路、公路线路、航空线路等，必要时也包括各种运输方式出发端和到达端的连接线路，也可以把旅客换乘等候看作特殊的 l，等候时间就是在 l 上花费的时间。

E，β——待标定系数。

5. 货物运输破损减少效益。各种运输方式的运输条件不同，在运输过程中货物破损率也不尽相同。尽管货物破损程度降低效益不是大多数铁路建设项目的主要效益，不必一一进行计算。但是，当项目的货物转移运量使货物破损程度发生明显变化时，尤其涉及一些易损易破货物的运输时，应计算这类效益。

计算货物破损程度降低效益一般是比较各运输方式在运输特定货物时的平均破损率，

然后再乘以该货物的转移运量的数量和影子价格。

6. 其他运输费用节省效益。随着铁路运输服务质量的不断提高，铁路建设项目建设越来越多地考虑消费者的利益。除上述几种典型的运输费用节省效益外，铁路建设项目经济效益中可能产生更多类型的运输费用节省，必要时都应设法进行计算。

7. 避免投资效益。在无项目情况下，项目计算期内预期的转移运量和正常运量将作为趋势运量由其他运输设施完成。当必须进行一定数量的扩能或大修投资才能完成这些趋势运量时，这些投资就是拟建项目的避免投资效益。

4.3.5 诱发运量产生的直接效益，是新增运输服务产生的效益，其净值应等于提供这些运输服务的生产者剩余与享受这些运输服务的消费者剩余之和。在诱发运量和转移运量相比相对较小的情况下，可以根据著名的折半法则进行计算，即单位诱发运量的直接经济效益近似等于单位转移运量直接经济效益的二分之一。

4.3.6 间接效益是项目在实施过程中对第三方（除运输服务供求方以外）的影响效益，主要包括缓解交通拥挤效益、交通安全事故减少效益、空气质量改善效益、降低噪声影响效益、其他方面的环境影响效益等。

1. 缓解交通拥挤效益。在无项目情况下，项目转移运量可能不得不在比较拥挤的条件下通过原来的线路完成；当铁路建设项目实施后，运量发生转移，明显缓解了原有线路上的运输拥挤程度，产生了源于剩余运量的减少拥挤效益。缓解交通拥挤效益主要包括运营成本节省、运输时间节省、有害气体排放对环境的污染减少和交通事故减少效益等。

2. 交通安全事故减少效益，应分转移和诱发运量通过以下公式分别予以计算。

1）转移运量交通事故影响效益（BODA）。当项目运量中包括较大数量的转移运量并且运量转移后交通事故的数量或严重程度有明显变化时，应该计算转移运量的交通事故减少或增加产生的经济效益或费用。其影响效益可采用以下公式进行计算：

$$BODA=\sum_{l\in U,k}DM_{lk}^{0}D_{l}R_{lk}-\sum_{l\in V,k}DM_{lk}^{1}D_{l}R_{lk} \quad (4.3\text{-}7)$$

式中 U——项目相关路网上，无项目时转移运量经过的线路区段 l 的集合。

V——项目相关路网上，有项目时转移运量经过的线路区段 l 的集合。

DM_{lk}^{0}——无项目时流经线路区段 l 的转移运量。k 表示运输对象的品类，运输品类一般只分为客运和货运，甚至当资料不全时，可以将客货运输合并为换算运量一并计算。

DM_{lk}^{1}——有项目时流经线路区段 l 的转移运量。k 表示运输对象的品类，运输品类一般只分为客运和货运，甚至当资料不全时，可以将客货运输合并为换算运量一并计算。

D_{l}——项目相关路网上线路区段 l 的长度。

R_{lk}——在线路区段 l 上，k 类运输对象进行运输时平均吨·公里、人·公里或换算吨·公里事故经济损失（包括直接经济损失和间接经济损失）。

2）诱发运量交通事故影响效益（BOGA）。铁路建设项目的诱发运量造成的交通事故损失，是项目的负效益。目前暂按全路或相关铁路局的平均事故损失水平乘以诱发运量换算周转量计算。诱发运量的交通事故影响效益的计算公式如下：

$$BOGA=-\sum_{l\in W,k}M_{lk}^{g}D_{l}R_{lk} \quad (4.3\text{-}8)$$

式中 W——项目相关路网上，诱发运量经过的线路区段 l 的集合。

M^g_{lk}——线路区段 l 上经过的诱发运量。k 表示运输对象的品类。

D_l——项目相关路网上线路区段 l 的长度。

R_{lk}——在线路区段 l 上，k 类运输对象进行运输时平均吨·公里、人·公里或换算吨·公里事故经济损失（包括直接经济损失和间接经济损失）。

3. 空气质量影响效益。有害气体的排放将造成局部大气环境污染和全球生态环境污染，对于这种污染，完成同样运量铁路运输和其他运输方式特别是公路运输相比要小得多。所以，当铁路建设项目存在大量公路转移运量时，要考虑减少了这种污染而带来的环境改善效益。

4. 噪声影响效益。当有项目和无项目比较，项目相关地区的噪声影响有明显变化时，如使交通运输量由人口密集的地区向人口比较稀疏的地区转移，使交通运输量由产生较大噪声的运输方式转移到相对产生噪声较小的运输方式等，经济费用效益分析时要考虑降低或增加噪声的效益或费用。

5. 其他环境影响效益或费用。除了以上几种环境影响效益外，有些特殊项目还可能有一些其他类型的环境影响正负效益不能忽略，如项目必须穿过名胜风景区，项目对野生动植物的影响等。评价人员要根据具体情况，实事求是地予以评价。能定量的要尽量定量；实在无法定量的，应作定性说明。

4.3.7 项目资产残余值效益。铁路建设项目的建设将形成大量经济寿命很长的固定资产，需要考虑项目在评价计算期以后预期实现的经济效益。为简化计算，该项效益可以在财务分析中计算的各种资产残余值基础上，乘以各自的影子价格获得。

4.3.8 鉴于铁路行业长期处于运能短缺的特点，若拟建铁路建设项目扩充或释放了项目相关路网的运能，从而满足了无项目情况下被抑制的运输需求，应该计算由此所产生的经济效益。

4.4 费用的识别与计算

4.4.1 根据铁路建设项目经济效益的计算特点和费用效益一致性原则，在识别与计算铁路建设项目经济费用时，只需考虑项目的建设投资费用以及项目的系统投资费用，而无须再考虑项目的运营成本。

4.4.2 项目建设投资费用，包括土建工程投资、机车车辆购置费以及用于建设期和运营期的流动资金。在计算这些投资的经济费用时，需要在财务分析计算结果的基础上进行一系列调整，包括扣除转移支付和涨价预留费，以及通过影子价格换算系数将财务费用调整为经济费用。

4.4.3 系统投资费用。根据费用效益一致性原则，纳入的项目系统投资费用与项目经济效益计算方法有关。如果计算了某项经济效益，就必须计算相应的经济费用。根据上述经济效益计算方法，与此相关的系统费用及估算方法如下：

1. 关联项目工程投资费用（SRT）。如果拟建项目的诱发运量和转移运量经过拟建规划关联项目时，应把该关联项目的部分投资纳入拟建项目的系统投资费用。纳入的投资费用按拟建项目经过关联项目的诱发和转移运量占关联项目规划运量的比例进行计算。即：

$$SRT = \sum_{l \in W} T_l \sum_k (M_{lk}^1 - NM_{lk}^1) \quad (4.4\text{-}1)$$

式中 M_{lk}^1——有项目时线路区段 l 上的项目运量。其中 k 表示运输对象的品类。

NM_{lk}^1——有项目时线路区段 l 上的正常运量。其中 k 表示运输对象的品类。

W——项目相关路网上所有规划辅助关联项目线路区段的集合。

T_l——关联项目线路区段 l 上的单位换算密度投资。T_l 可以通过以下步骤估算：首先通过项目投资获得各工程区段投资，如无具体区段投资数据，可近似根据长度分摊，再计算出年度化投资，最后根据年规划换算密度获得单位换算密度投资。

2. 增加机车车辆投资。将运输服务从项目实体管辖范围扩展到整个项目相关路网，将增加客货周转量，与此同时需要更多的机车车辆。如果铁路部门或相关运输企业没有储备，将不得不购买更多的机车车辆，构成拟建项目的系统投资费用。增加的机车车辆数量可以根据增加的客货周转量和机车车辆年均完成周转量定额计算。如铁路部门或相关运输企业有一定的机车车辆富余量，可作为沉没成本从计算的结果中减去。纳入的系统投资费用可按机车和车辆平均单价和各自纳入数量分别计算。

3. 增加流动资金投资。与机车车辆一样，当周转量增加时，运营成本也将随之增加，需要增加一定数量的流动资金。计算方法和机车车辆类似，先计算需要增加的运营成本，再根据流动资金需要定额计算需要增加的流动资金。

4. 其他系统费用。根据项目经济效益计算方法的不同，有时还可能产生一些其他类型的系统费用。识别和计算这些系统费用的基本原则为有无对比和费用效益一致性原则。

以上计算出的各项系统费用都需要乘以各自的影子价格转换系数转化为经济费用。

4.5 分析指标与报表

4.5.1 铁路建设项目一般都需要进行经济盈利能力分析，通过编制经济费用效益流量表，计算经济内部收益率、经济净现值等经济费用效益分析指标，分析判断项目经济上的合理性。

4.5.2 在项目经济费用效益分析中，反映经济盈利能力的主要指标是经济内部收益率和经济净现值。根据分析对象的不同，上述指标又可分为全投资和国内投资的经济内部收益率和经济净现值。如果项目有国外资金流入与流出，应以国内投资的经济内部收益率和经济净现值作为项目经济费用效益分析的取舍指标。

1. 经济内部收益率（*EIRR*）是反映项目对经济贡献的相对指标，它表示项目占用资金所能获得的动态收益率，是项目在计算期内各年经济净效益流量的现值累计和等于零时的折现率。其表达式为：

$$\sum_{t=1}^{n} (B-C)_t \times (1+EIRR)^{-t} = 0 \quad (4.5\text{-}1)$$

式中 B——经济效益流量；

C——经济费用流量；

$(B-C)_t$——第 t 年净效益流量；

n——计算期。

当项目的经济内部收益率大于或等于社会折现率时，表示项目的经济贡献超过或达到了要求的水平，项目有利于社会资源的优化配置，项目经济上是合理的。

2. 经济净现值（ENPV）是反映项目经济贡献的绝对指标，它表示项目占用资源所能获得的动态收益，是用社会折现率将项目计算期内各年净效益流量折现到建设期初的现值之和。其表达式为：

$$ENPV = \sum_{t=1}^{n}(B-C)_t \times (1+i_s)^{-t} \qquad (4.5\text{-}2)$$

式中 i_s——社会折现率；

B——经济效益流量；

C——经济费用流量；

$(B-C)_t$——第 t 年净效益流量；

n——计算期。

项目经济净现值等于或大于零，表示拟建项目可以得到符合社会折现率要求的社会盈余，或者说除得到符合社会折现率的盈余外，还可以得到以现值计算的社会盈余，项目在经济上可以接受。经济净现值越大，项目所带来的经济效益的绝对值越大。

4.5.3 经济费用效益流量表视项目是否利用外资，分项目投资和国内投资两种格式。全部为国内投资的铁路建设项目，费用效益流量以全部投资作为分析对象，分析项目全部投资的盈利能力；利用外资的铁路建设项目，费用效益流量以国内投资作为分析对象，将国外借款利息和本金偿付以及国外资本金和外资股利等作为费用流出，用以计算项目国内投资部分的盈利能力，为利用外资项目经济费用效益分析和方案经济比选提供依据。报表格式详见表 4-1 和表 4-2。

表 4-1 项目投资经济费用效益流量表 人民币单位：万元

序号	项　目	合计	建设期			运营期		
			1	……	m	m+1	……	n
			20××年	20××年	20××年	20××年	20××年	20××年
	能力利用率（%）							
1	效益流量							
	1.1 直接效益							
	1.1.1 转移、正常运量的直接效益							
	其中：旅客时间节省效益							
	货物送达时间节省效益							
	运营成本节省效益							
	提高舒适度效益							
	减少货损效益							
	避免投资效益							
	其他直接效益							
	1.1.2 诱发运量的直接效益							

续表 4-1

序号	项　目	合计	建设期			运营期		
			1	……	m	$m+1$	……	n
			20××年	20××年	20××年	20××年	20××年	20××年
1	1.2　间接效益							
	1.2.1　缓解交通拥挤效益							
	1.2.2　安全事故减少效益							
	1.2.3　空气质量改善效益							
	1.2.4　降低噪声效益							
	1.2.5　其他间接效益							
	1.3　项目资产残余值效益							
	1.3.1　土建工程资产残余值效益							
	1.3.2　机车车辆残余值效益							
	1.3.3　流动资金回收效益							
2	费用流量							
	2.1　土建工程投资							
	2.2　机车车辆购置费							
	2.3　流动资金							
	2.4　系统投资							
	2.5　其他经济费用							
3	净效益流量							
4	累计净效益流量							
5	累计经济净现值							
计算指标	1. 经济内部收益率； 2. 经济净现值							

注：表中栏目可视具体项目增减与调整。

表 4-2　国内投资经济费用效益流量表　　人民币单位：万元

序号	项　目	合计	建设期			运营期		
			1	……	m	$m+1$	……	n
			20××年	20××年	20××年	20××年	20××年	20××年
	能力利用率（%）							
1	效益流量							
	1.1　直接效益							
	1.1.1　转移、正常运量的直接效益							
	其中：旅客时间节省效益							

续表 4-2

序号	项　　目	合计	建设期			运营期		
			1	……	m	$m+1$	……	n
			20××年	20××年	20××年	20××年	20××年	20××年
1	货物送达时间节省效益							
	运营成本节省效益							
	提高舒适度效益							
	减少货损效益							
	避免投资效益							
	其他直接效益							
	1.1.2　诱发运量的直接效益							
	1.2　间接效益							
	1.2.1　缓解交通拥挤效益							
	1.2.2　安全事故减少效益							
	1.2.3　空气质量改善效益							
	1.2.4　降低噪声效益							
	1.2.5　其他间接效益							
	1.3　项目资产残余值效益							
	1.3.1　土建工程资产残余值效益							
	1.3.2　机车车辆残余值效益							
	1.3.3　流动资金回收效益							
2	费用流量							
	2.1　国内投资							
	2.1.1　土建工程投资							
	2.1.2　机车车辆购置费							
	2.1.3　流动资金							
	2.1.4　系统投资							
	2.1.5　其他经济费用							
	2.2　国外资金							
	2.2.1　国外资本金							
	2.2.2　国外借款本金偿还							
	2.2.3　国外借款利息偿还							

续表 4-2

序号	项　目	合计	建设期			运营期		
			1	……	m	$m+1$	……	n
			20××年	20××年	20××年	20××年	20××年	20××年
2	2.2.4　国外资本金收益回报							
	2.2.5　资产处置收益分配							
3	净效益流量							
4	累计净效益流量							
5	累计经济净现值							
计算指标	1. 经济内部收益率； 2. 经济净现值							

注：表中栏目可视具体项目增减与调整。

5　费用效果分析

5.0.1　铁路建设项目费用效果分析是指通过比较项目预期的效果与所支付的费用，判断项目的费用有效性或经济合理性。费用效果分析是铁路建设项目经济分析的重要内容，当铁路建设项目的效果难以或不能货币化，或货币化的效果不是项目目标的主体时，应采用费用效果分析法，其结论作为项目投资决策的依据之一。

5.0.2　费用效果分析中的费用是指为实现项目预定目标所付出的财务代价或经济代价，采用货币计量；效果是指项目的结果所起到的作用、效应或效能，是项目目标的实现程度。按照项目要实现的目标，一个项目可选用一个或几个效果指标。

5.0.3　费用效果分析遵循多方案比选的原则，所分析的项目应满足下列条件：

1. 备选方案不少于两个，且为互斥方案或可转化为互斥型的方案。
2. 备选方案应具有共同的目标，目标不同的方案、不满足最低效果要求的方案不可进行比较。
3. 备选方案的费用应能货币化，且资金用量不应突破资金限制。
4. 效果应采用同一非货币计量单位衡量，如果有多个效果，对其指标进行加权处理形成单一综合指标。
5. 备选方案应具有可比的寿命周期。

5.0.4　费用效果分析应按下列步骤进行：

1. 确立项目目标。
2. 构想和建立备选方案。
3. 将项目目标转化为具体的可量化的效果指标。
4. 识别费用与效果要素，并估算各个备选方案的费用与效果。
5. 利用相关指标，综合比较、分析各个方案的优缺点。
6. 推荐最佳方案或提出优先采用的次序。

5.0.5　费用应包含从项目投资开始到项目终结的整个期间内所发生的全部费用。费用可按现值公式或按年值公式计算：

1. 费用现值（PC）：

$$PC=\sum_{t=1}^{n}(CO)_t\,(P/F,\ i,\ t) \tag{5-1}$$

式中　$(CO)_t$——第 t 期现金流出量；

n——计算期；

i——折现率；

$(P/F,\ i,\ t)$——现值系数$\left[\frac{1}{(1+i)^t}\right]$。

2. 费用年值（AC）：

$$AC=\left[\sum_{t=1}^{n}(CO)_t\,(P/F,\ i,\ t)\right](A/P,\ i,\ n) \tag{5-2}$$

式中　$(A/P, i, n)$ ——资金回收系数$\left[\frac{i(1+i)^n}{(1+i)^n-1}\right]$。

备选方案的计算期不一致时，应采用费用年值公式。

5.0.6 项目效果计量单位的选择，应能切实度量项目目标实现的程度，且便于计算。若项目的目标不止一个，或项目的效果难以直接度量，需要建立次级分解目标加以度量时，需要用科学的方法确定权重，借助层次分析法对项目的效果进行加权计算，形成统一的综合指标。

5.0.7 费用效果分析可采用效果费用比为基本指标，应按下式计算：

$$R_{E/C}=\frac{E}{C} \tag{5-3}$$

式中 $R_{E/C}$——效果费用比；

E——项目效果；

C——项目的计算期费用，用现值或年值表示。

有时为方便或习惯起见，也可采用费用效果比指标，按下式计算：

$$R_{C/E}=\frac{C}{E} \tag{5-4}$$

5.0.8 费用效果分析可采用下列基本方法：

1. 最小费用法，也称固定效果法。在效果相同的条件下，应选取费用最小的备选方案。

2. 最大效果法，也称固定费用法。在费用相同的条件下，应选取效果最大的备选方案。

3. 增量分析法。当效果与费用均不固定，且分别具有较大幅度的差别时，应比较两个备选方案之间的费用差额和效果差额，分析获得增量效果所付出的增量费用是否值得，不可盲目选择效果费用比（$R_{E/C}$）大的方案或费用效果比（$R_{C/E}$）小的方案。

采用费用效果增量分析时，应先确定基准指标（截止指标）$[E/C]_0$ 或 $[C/E]_0$。如果增加的效果能够抵补增加的费用，选择费用高的方案；否则，选择费用低的方案。

5.0.9 如果项目有两个以上的备选方案进行增量分析，应按下列步骤选优：

1. 将方案费用由小到大排队。
2. 从费用最小的两个方案开始比较，通过增量分析选择优势方案。
3. 将优胜方案与紧邻的下一个方案进行增量分析，并选出新的优势方案。
4. 重复第三步，直至最后一个方案。最终被选定的优势方案为最优方案。

6 区域经济与宏观经济影响分析

6.0.1 铁路建设项目区域经济影响分析系指从区域经济角度出发，分析拟建项目对所在地区乃至项目运输服务所涉及更大范围地区经济发展的影响；宏观经济影响分析系指从国民经济整体角度出发，分析拟建项目对国家宏观经济各方面的影响。

6.0.2 对于特大型铁路建设项目，特别是国土开发性特大型铁路建设项目，应进行区域经济影响分析，而对于直接影响国家经济全局的特大型铁路建设项目应进行宏观经济影响分析。

6.0.3 铁路建设项目区域经济与宏观经济影响分析应立足于项目实施对促进和保障相关区域和国家经济有序高效运行和可持续发展的作用，分析重点应是项目与区域发展战略和国家长远发展规划的关系。内容应包括下列直接贡献和间接贡献，有利影响与不利影响：

1. 直接贡献。是指促进相关地区或国民经济增长，如提高居民收入，增加就业，减少贫困，增加地方或国家财政收入，保障国家经济安全等。

2. 间接贡献。是指促进人口合理分布与流动，促进城市化，带动相关企业，克服经济瓶颈，促进经济社会均衡发展，提高居民生活质量，合理开发和有效利用资源，促进技术进步等方面。

3. 可能产生的不利影响。是指环境污染，损害生态平衡，危害历史文化遗产，非有效占用土地等方面。

6.0.4 铁路建设项目区域经济与宏观经济影响分析应遵循系统性、综合性、定性与定量相结合的原则。

6.0.5 铁路建设项目区域经济与宏观经济影响分析宜由下列指标构成，并应与国家统计部门的统计口径一致：

1. 经济总量指标。反映项目对国民经济总量的贡献，主要包括增加值、净产值、纯收入、财政收入等。总量指标可使用当年值、净现值总额和折现年值等。

2. 经济结构指标。反映项目对经济结构的影响，主要包括产业结构、就业结构、影响力系数等。

3. 社会与环境指标。主要包括就业效果指标、收益分配效果指标、资源合理利用指标和环境影响效果指标等。为了分析项目对贫困地区经济的贡献，可设置贫困地区收益分配比重指标。

4. 国力适应性指标。表示国家人力、物力和财力承担重大项目的能力，一般用项目使用的资源占全部资源总量的百分比或财政资金投入占财政收入或支出的百分比表示。

6.0.6 铁路建设项目的区域经济与宏观经济影响分析，可通过建立各种既有科学依据，又反映项目特点的经济数学模型，分别计算“有项目”和“无项目”时的经济总量指标、经济结构指标、社会与环境指标以及国力适应性指标，并根据有无对比原则进行分析。

6.0.7 铁路建设项目区域经济与宏观经济影响分析宜做专题研究，常用的经济数学模型包括经济计量模型、经济递推优化模型、投入产出模型、系统动力学模型和动态系统计量模型等。

7 不确定性分析与风险分析

7.0.1 铁路建设项目经济评价所采用的基础数据，如客货运量、投资、运输成本、运价率等，均为预测值、估算值或统计分析值，具有一定程度的不确定性。为了分析这些不确定因素对评价指标的影响，需要进行不确定性分析和风险分析，提出项目风险预警、预报和相应对策，为投资决策服务。

7.0.2 不确定性分析包括敏感性分析、盈亏平衡分析。其中盈亏平衡分析只适用于财务分析，敏感性分析既适用于财务分析同时也适用于经济分析。

1. 敏感性分析，是指分析不确定因素发生变化对经济指标所产生的影响。不确定因素的变化一般为单项，如运量、投资、工期、成本或运价等发生变化；也可以两项以上因素同时发生变化，如运量减小同时投资增大的最不利情况等。应根据项目的具体情况，选定要进行分析的变量。所测算的经济指标，一般为财务内部收益率（*FIRR*）和经济内部收益率（*EIRR*），必要时也可以测算静态投资回收期和贷款偿还期等其他指标。

敏感性分析的步骤是先分析不确定因素可能变化的范围（%），再根据增减的百分数计算相应的经济指标，然后根据以下公式计算出敏感度系数（S_{AF}）和临界点或转换值（*SV*）等敏感分析指标：

$$S_{AF}=\frac{\Delta A/A}{\Delta F/F} \tag{7-1}$$

式中 $\Delta F/F$——不确定因素 F 的变化率；

$\Delta A/A$——相应的评价指标 A 的变化率。

临界点指标 *SV* 是指当不确定性因素的变化使项目的可行性变为不可行时的临界值。

敏感性分析的结果应用敏感性计算表和敏感性分析图表示（见表 7-1 和图 7-1）。敏感性分析图是根据敏感性计算表绘出的，借助敏感性分析图可以判断：

表 7-1 财务内部收益率敏感性分析表

变动因素 \ *FIRR*（%） \ 变化（%）	−20	−10	0	+10	+20
运价	4.3	6.1	7.9	9.7	11.5
运量	5.3	6.6	7.9	9.2	10.5
运营成本	9.2	8.6	7.9	7.3	6.5
土建投资	9.9	8.9	7.9	6.9	5.9
…	…	…	7.9	…	…

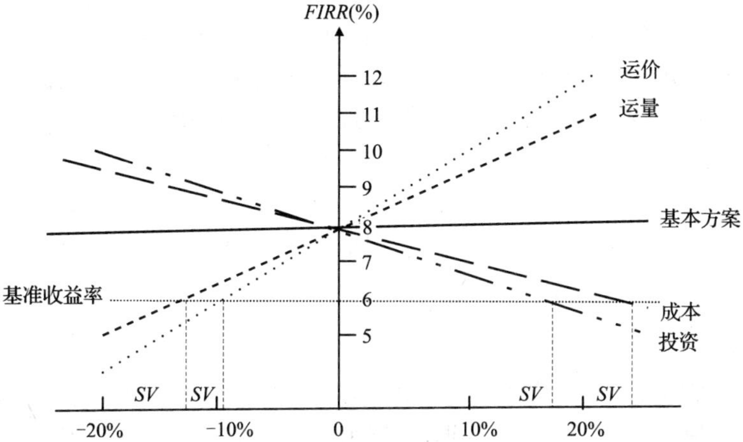

图 7-1　财务内部收益率敏感性分析图

1）某项不确定因素增加或减少某个百分数时，相应的经济指标值；

2）敏感性曲线的斜率大，表示该不确定因素的敏感性强，其变化对经济指标的影响显著，应对其进行较为详细、慎重地测算；

3）财务基准收益率或社会折现率的水平虚线与敏感性曲线交点的水平坐标（%）为该不确定因素允许的最大变化幅度，即临界值。超出这一幅度，项目在财务上或经济上变为不可行。

2. 盈亏平衡分析，是指通过计算盈亏平衡点来分析项目成本和收益的平衡关系的一种方法，只用于财务分析。盈亏平衡点通常根据正常生产年份的产品产量或销售量、可变成本、固定成本、产品价格和销售税金及附加等数据计算。铁路建设项目的正常生产年份可根据具体项目运量变化的特点确定，如既有线改造可取近期，国土开发性新线可取远期等。铁路建设项目一般包括盈亏平衡运量（保本运量）、盈亏平衡收入率（保本运价）和累计净现值盈亏平衡年度三个指标。可根据项目具体情况，选取必要的指标进行分析。盈亏平衡指标值越低，表明项目适应市场变化的能力越大，抗风险能力越强。

1）盈亏平衡运量（保本运量）。盈亏平衡运量是在运价率和运营成本费率一定的前提下，拟建项目处于盈亏平衡时，项目线路上的运量，即项目实体从项目获得的运输收入等于运输支出时，拟建项目各线路区段的平均运输密度。保本运量 M_0 可用下式计算：

$$M_0=\frac{F}{\beta^r(1+r)(1-b)-\beta^c} \tag{7-2}$$

式中 r——行包、运杂费等其他运输有关收入占客货运输收入的比值；

b——营业税率及附加（%）；

F——项目实体因项目实施发生的年固定成本，包括：运营固定成本＋土建工程折旧费＋无形和其他资产摊销费＋财务费用；

β^r——收入系数，表示拟建项目单位运输密度项目实体通过项目获得的年客货运输收入［单位：万元/（万换算吨·公里/公里）］；

β^c——运输可变成本系数，表示拟建项目单位运输密度项目实体的年运输可变成本［单位：万元/（万换算吨·公里/公里）］。

图 7-2 能直观地反映运量与财务盈亏的关系。图中横坐标为运输密度，纵坐标为运输收入或运输支出。运输收入与运输支出曲线的交点即盈亏平衡运量 M_0。

2）盈亏平衡收入率（保本运价）。盈亏平衡收入率是在运量一定的前提下，项目处于盈亏平衡，即项目运输收入等于运输支出时的综合运价率，铁路建设项目保本客货运价的一般表示公式如下：

$$P_k^1=\frac{Q_k^0C_k^0+Q_k^1C_k^1+F_k}{Q_k^1\times(1+r)(1-b)}-\frac{Q_k^0P_k^0}{Q_k^1} \tag{7-3}$$

$$P_h^1=\frac{Q_h^0C_h^0+Q_h^1C_h^1+F_h}{Q_h^1\times(1+r)(1-b)}-\frac{Q_h^0P_h^0}{Q_h^1} \tag{7-4}$$

式中：

F_k、F_h——客货总固定运输成本，其中包括：客货运按周转量比例分摊的土建工程固定资产折旧费和无形及其他资产摊销费以及总运营固定成本（万元）；

Q_k^0、Q_h^0——项目财务相关路网上非项目线路上的客货周转量（万吨·公里）；

Q_k^1、Q_h^1——项目财务相关路网上项目线路上的客货周转量（万吨·公里）；

C_k^1、C_h^1——项目财务相关路网上项目线路上单位可变客货运输成本，其中包括机车车辆折旧费或租赁费和可变运营成本（万元/万吨·公里）；

C_k^0、C_h^0——项目财务相关路网上非项目线路上单位可变客货运输成本，其中包括机车车辆折旧费或租赁费和可变运营成本（万元/万吨·公里）；

P_k^0、P_h^0——项目财务相关路网上非项目线路上的客货运价率（万元/万人·公里，万元/万吨·公里）；

r——行包、运杂费等其他运输有关收入占客货运输收入的比值；

b——税费交纳系数（%）。

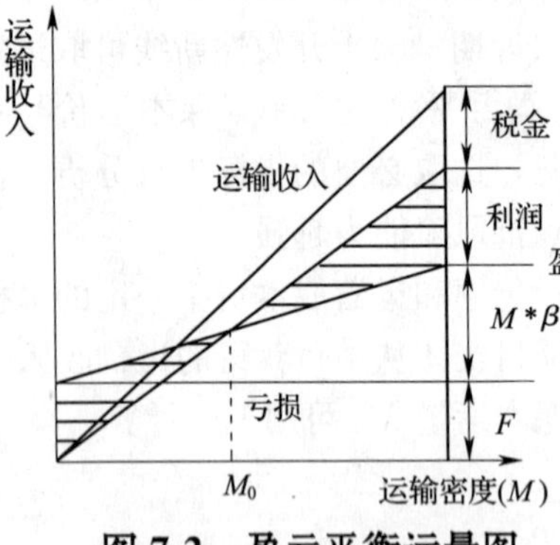

图 7-2 盈亏平衡运量图

如项目实体为新建项目法人，项目财务分析相关路网全部为项目线路，非项目线路运量为零，计算公式将得以简化。分子将表示项目的总固定成本，分母为项目总运量乘以一个运杂费收入和税费交纳调整系数。对于既有项目法人，由于项目利用了项目实体的沉没成本，增加了项目的净收益，降低了项目的保本运价，使项目的抗风险能力增强。

3）累计净现值盈亏平衡年度。累计净现值平衡年度是用动态方法计算的净现值累计和为零的年度，达到该年度时，项目的收支可以达到平衡。根据财务现金流量表中的数据，可以用下式计算各年度的净现金累计值：

$$FNPV=\sum(CI-CO)_t\cdot(1+i_c)^{-t} \tag{7-5}$$

据此可以绘出图 7-3 所示的累计净现值盈亏平衡图。计算出的累计净现值为零的年度，实际上就是项目的动态投资回收期。必要时可作为项目财务分析一个指标。

7.0.3 铁路建设项目的经济风险是指由不确定因素导致项目偏离预期经济目标的可能性。风险分析的目的是识别各种潜在的风险因素，预测风险发生的概率和影响，预报项目风险并提出相应对策。通过风险分析信息反馈，改进或优化设计方案，降低项目风险。

1. 风险分析一般采用定量与定性相结合的方法，估计各种风险因素发生变化的可能性，以及这些变化对项目的影响程度。影响铁路建设项目预期经济目标的主要风险因素如下：

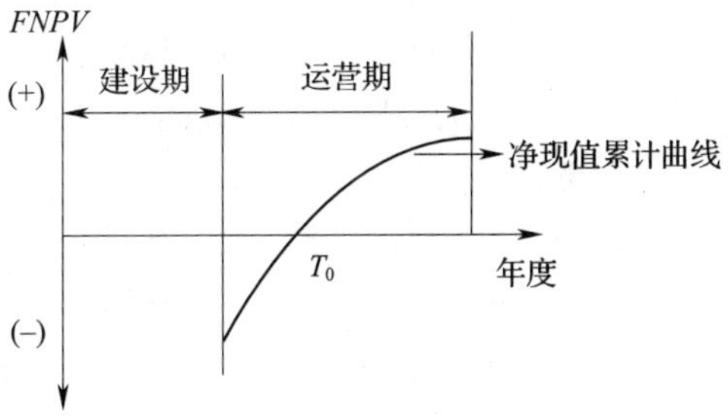

图 7-3　累计净现值盈亏平衡图

1）运输市场风险因素：预测运量和预期实行的运价。

2）建设投资风险因素：建设工期、铁路土建工程的质量与数量、机车车辆的型号与数量、土地征用和拆迁安置等。

3）运营成本风险因素：铁路运营期投入的各种原材料、燃料、动力的数量和价格，投入劳动力的数量和支付的工资水平等。

4）融资风险因素：资金来源及供应量。

5）宏观经济风险因素：税率、利率、汇率及通货膨胀率等。

2. 风险分析的过程一般包括风险识别、风险估计、风险评价与风险应对。风险分析的主要方法包括专家调查法、层次分析法、概率分析法、CIM 模型及蒙特卡罗模拟等。铁路建设项目风险分析应根据具体情况，选择一种或几种方法组合使用。

1）风险识别，是指利用系统论观点对项目全面考察和综合分析，通过专家调查等方法辨识影响铁路建设项目的主要风险因素，剖析风险因素的基本单元，建立项目风险因素的层次结构图，判断各风险因素的独立性。

2）风险估计，是指运用主观概率和客观概率的统计方法（如层次分析法、概率树、CIM 模型及蒙特卡罗模拟等分析法），计算项目评价指标相应的概率分布或累计概率、期望值及标准差等。

3）风险评价，是指根据风险识别和风险估计的结果，分析项目风险的根本来源，依据项目风险等级标准，评价影响项目成败的关键风险因素。风险等级应根据风险因素发生的可能性及其影响程度确定。具体可参照风险等级分类表（见表 7-2）。风险可分为 K 级、M 级、T 级、R 级和 I 级。风险评价也可以使用经济指标的累计概率、标准差进行简化判别。

表 7-2　风险等级分类表

风险等级		风险影响的程度			
		高	强	适度	低
风险的可能性	高	K	M	R	R
	强	M	M	R	R
	适度	T	T	R	I
	低	T	T	R	I

4）风险应对，是指根据风险评价的结果，研究规避、控制与防范风险的措施，为项目风险管理提供依据。风险应对根据以下步骤进行：

A. 风险应对具有针对性、可行性、经济性，并贯穿于项目可行性研究的全过程；

B. 风险应对的主要措施有风险规避、风险控制、风险转移和风险分担等；

C. 应结合风险因素等级的分析结果，针对项目设计提出应对方案：

K级：风险很强，放弃项目；

M级：风险强，针对基本风险因素的影响修改设计方案或采取补偿措施；

T级：风险较强，关注关键指标的变化并拟定应急措施；

R级：风险适度（较小），适当采取措施后不影响项目；

I级：风险弱，忽略风险。

3. 铁路建设项目的风险分析应根据项目的特点和评价要求进行，一般可分以下几种情况：

1）重大铁路建设项目应执行从风险识别到风险应对的全过程。

2）一般铁路建设项目，可直接在敏感性分析的基础上，确定各变量的变化区间及概率分布，采用概率树分析法，计算项目净现值的期望值、净现值大于或小于零的累计概率，或采用蒙特卡罗模拟分析法计算效益指标的概率分布、期望值及标准差，并根据计算结果进行风险评估。

3）融资能力风险和偿债能力风险可用层次分析法和CIM模拟计算法计算，盈利能力风险一般可采用计算净现值的累计概率或蒙特卡罗模拟分析法计算。

8　方案经济比选

8.0.1　方案经济比选是寻求合理的经济和技术方案的必要手段，也是铁路建设项目经济评价的重要内容。铁路建设项目在进行各项主要经济和技术决策时，要结合项目实际情况提出各种可能的方案进行筛选，并对筛选出的备选方案进行经济计算，根据计算结果并结合其他因素详细论证比较，形成最后推荐方案。

8.0.2　铁路建设项目经济评价宜对互斥备选方案和可转化为互斥方案的备选方案进行比选，并且备选方案应满足下列条件：

1. 备选方案的整体功能应达到项目预期目标要求。
2. 备选方案的经济效益应达到可接受的水平。
3. 备选方案所涉及的范围与时间应当一致，效益和费用的计算口径也应保持一致。
4. 备选方案提供的信息资料应可靠、均衡。

8.0.3　对于非经营性铁路建设项目或具有全局性的重大铁路建设项目，应以经济分析结果为主要依据进行方案经济比选；对于一般经营性铁路建设项目，可考虑以财务分析结果为依据进行方案经济比选，但最后选择方案在经济上必须是可行的。

8.0.4　方案经济比选应根据铁路建设项目的具体情况进行，既可以按各个方案所含的全部因素（相同因素和不同因素）计算各备选方案的经济效益和费用，进行全面的对比；也可以仅就不同的因素计算相对的经济效益与费用，进行局部对比。

8.0.5　进行方案经济比选时，要特别注意各个方案的可比性，遵循效益与费用计算口径与范围一致性原则，必要时应考虑相关效益和相关费用。

8.0.6　铁路建设项目可根据具体情况选用以下不同类型的比较方法：

1. 效益比选法，包括净现值比较法、净年值比较法、差额投资内部收益率比较法等。
2. 费用比较法，包括费用现值比较法、费用年值比较法等。
3. 最低价格（服务收费标准）比较法。
4. 在特定情况下，为简化计算，对一些局部方案，可以采用比较简单的静态指标比较法。

8.0.7　效益比选法。效益比选法包括净现值比较法、净年值比较法、差额投资内部收益率比较法等。

1. 净现值比较法。当资金无明显约束时，可选用净现值法进行方案经济比选，比较时分别计算各比较方案的净现值，以净现值大者为优。

财务分析：

$$FNPV=\sum_{t=1}^{n}(CI-CO)_t(1+i_c)^{-t} \tag{8-1}$$

经济分析：

$$ENPV=\sum_{t=1}^{n}(B-C)_t(1+i_s)^{-t} \tag{8-2}$$

2. 净年值比较法。净年值比较法就是将各个方案的净现值等额年值进行比较，以年值（AW）较大的方案为优。年值的计算公式如下：

$$AW = NPV \times \frac{i \times (1+i)^n}{(1+i)^n - 1} \tag{8-3}$$

式中 NPV——财务净现值或经济净现值；

i——财务基准收益率或社会折现率；

n——评价计算期。

3. 差额投资内部收益率比较法。差额投资内部收益率是两个方案各年净现金流量或净效益费用流量差额的现值之和等于零时的折现率，可用于财务分析和经济分析。两者的表达式为：

财务分析：

$$\sum_{t=1}^{n} [(CI-CO)_2 - (CI-CO)_1]_t \cdot (1+\Delta FIRR)^{-t} = 0 \tag{8-4}$$

经济分析：

$$\sum_{t=1}^{n} [(B-C)_2 - (B-C)_1]_t \cdot (1+\Delta EIRR)^{-t} = 0 \tag{8-5}$$

式中 $(CI-CO)_2$、$(B-C)_2$——投资大的方案的净现金流量和净效益流量；

$(CI-CO)_1$、$(B-C)_1$——投资小的方案的净现金流量和净效益流量；

$\Delta FIRR$、$\Delta EIRR$——差额投资财务内部收益率和差额投资经济内部收益率；

t——年度；

n——表示评价计算期。

差额投资内部收益率（$\Delta FIRR$、$\Delta EIRR$）的计算值，用于财务比较时，当 $\Delta FIRR \geqslant i_c$ 时，投资大的方案为优；当 $\Delta FIRR < i_c$ 时，投资小的方案为优。用于经济分析比较时，当 $\Delta EIRR \geqslant i_s$ 时，投资大的方案为优；当 $\Delta EIRR < i_s$ 时，投资小的方案为优。多个方案进行比较时，要先按投资由小到大排序，再依次就相邻方案两两比较，从中选出最优方案。

8.0.8 费用比较法。对于项目产出基本相同的方案进行比较时，为简化计算，可采用最小费用法，即费用现值比较法和费用年值比较法。

1. 费用现值比较法。运用费用现值比较法时，首先计算各个方案的费用现值（PC），并进行比较，费用现值较低的方案为优。费用现值的计算公式如下：

$$PC = \sum_{t=1}^{n} \left[\frac{I_t + C_t}{(1+i_c)^t}\right] + \frac{S_v + W}{(1+i_c)^n} \tag{8-6}$$

式中 I_t——第 t 年的全部投资（土建工程投资、机车车辆购置费和流动资金）；

C_t——第 t 年的运营支出；

S_v——计算期末土建工程、机车车辆固定资产余、残值；

W——计算期末回收的流动资金。

2. 费用年值比较法。费用年值比较法是计算各比较方案的等额年费用（AC），并进行比较，年费用较低的方案为优。等额年费用的计算公式如下：

$$AC = PC \times \frac{i \times (1+i)^n}{(1+i)^n - 1} \tag{8-7}$$

8.0.9 最低运费比较法。当铁路建设项目备选方案所提供的运输服务基本相同时，可采用最低运费比较法进行方案经济比选。最低运费比较法的思路是，以净现值为零推算各备选方案的运费，运费最低的方案为优。

8.0.10 静态指标比较法。静态指标比较法包括静态差额投资收益率（R_a）比较法和静态差额投资回收期（P_a）比较法等。R_a、P_a 的计算公式如下：

$$R_a = \frac{C'_1 - C'_2}{I_2 - I_1} \times 100\% \tag{8-8}$$

$$P_a = \frac{I_2 - I_1}{C'_1 - C'_2} \tag{8-9}$$

式中 C'_1、C'_2——投资较小和投资较大的方案的运输支出，可按运量正常年度的运量计算（如远期运量）；

I_1、I_2——投资较小和投资较大的方案的全部投资额。

当 R_a 大于基准收益率时或 P_a 小于基准回收期时，投资较大的方案为优。

8.0.11 在多方案比较中，应分析不确定性因素和风险因素对方案比选的影响，判断对比选结果的影响程度。比选时应权衡效益与风险，必要时，应进行不确定性分析或风险分析，以保证比选结果的有效性。不确定性因素下的方案比选可采用下列方法：

1. 折现率调整法。调高折现率使备选方案净现值为零，折现率变动小的方案风险大，折现率变动大的方案风险小。

2. 标准差法。对备选方案进行概率分析，计算出评价指标的期望值和标准差，在期望值满足要求的前提下，比较其标准差，标准差较高者风险相对较大。

3. 累计概率法。计算备选方案净现值大于或等于零的累计概率，估计方案承受风险的程度，方案净现值大于或等于零的累计概率越接近 1，说明方案的风险越小；反之方案风险大。

8.0.12 对计算期不同的方案进行比较时，以采用年值法和年费用法较为简便。如果要采用净现值法、费用现值法或其他方法时，则需对诸比较方案的计算期作适当处理后再进行比较。具体处理方法为：一是以各方案计算期的最小公倍数作为比较方案的计算期，也称方案重复法，即将各方案计算期各年净现金流量或费用流量进行重复，直到与最小公倍数计算期相等，然后计算净现值、净现值率、差额投资内部收益率或费用现值，并进行方案经济比选；二是以各方案中最短的计算期作为比较方案的计算期。

8.0.13 备选方案经济指标取值差异不大时，不能用以判断方案的优劣；只有经济指标取值存在足够差异，且估算的误差不足以使评价结论发生逆转时，才能认定比较方案有显著差异，并据此判定方案的优劣。

8.0.14 方案经济比选应注意在某些情况下使用不同指标，导致相反结论的可能性；应根据项目与方案的实际情况，选用适当的方法和指标。方案经济比选中几个指标的应用范围归纳如表 8-1 所示。

表 8-1 方案经济比选指标应用范围表

指标 用途	净现值	内部收益率
项目经济评价（独立项目的可行性判断）	$NPV \geqslant 0$ 时可考虑接受	$IRR \geqslant i$ 时可考虑接受
方案经济比选（互斥方案选优）	无资金限制时，可选择 NPV 较大者	一般不直接用，可计算差额投资内部收益率（ΔIRR），当 $\Delta IRR \geqslant i$ 时，以投资较大方案为优
项目排队（独立项目按优劣排序的最优组合）	不单独使用	一般不采用

注：互斥方案是指同一项目的各个可以彼此替代的方案，采用其中某一方案，就会自动排斥其他方案。

铁路建设项目经济评价
方法与参数
条 文 说 明

1 总　　则

1.0.1 编制目的。

随着我国社会主义市场经济体系的不断完善以及铁路事业的改革与发展，1997 年颁布实施的《铁路建设项目经济评价办法》暴露出一些需要深入探讨的问题，如项目费用与效益范围识别界限模糊，计算方法与参数理论根据不足等。为此，铁道部在多次调查研究、广泛征求路内外专家意见的基础上，决定组织编写《铁路建设项目经济评价方法与参数》(以下简称《铁路项目方法与参数》)，以进一步提高铁路建设项目经济评价水平，适应新时期铁路建设与发展的需要。

与《铁路建设项目经济评价办法》相比，本《铁路项目方法与参数》有下面几个特点：

1. 明确了铁路建设项目产出概念。铁路建设项目的产出是与项目有关的铁路客货运输服务，这些运输服务是计算项目各种效益和费用的基础，因此，铁路建设项目的运量预测必须在有无项目两种情况下预测与项目相关的所有运输服务，即项目相关运量 OD 表以及通过运量分配在相关路网上形成的趋势、诱发、转移、正常等各种类型运量。

2. 从系统角度评价项目。铁路建设项目是整个运输系统不可分割的组成部分，需要和运输系统一起完成相关的运输任务。因此，在项目评价时，不能“就项目论项目”，把项目评价范围仅仅局限于项目工程范围，应注意对相关路网的分析并计算项目的系统费用与效益。

3. 项目关联问题的处理。为正确识别项目的费用和效益，合理确定它们的计算口径和范围，结合铁路行业的网络特性，本《铁路项目方法与参数》定义了“项目运量”、“相关路网”、“关联项目”和“关联投资费用”等概念，并根据费用效益对应和保守计算原则分析确定了在各种情况下“关联项目”对拟建项目费用和效益的影响及估算方法。

4. 澄清了“有无对比”的基本概念。“有无对比”是有项目情况和无项目情况进行对比，而不是《铁路建设项目经济评价办法》中所谓的铁路建设项目和公路建设项目或其他运输方式建设项目的方案对比。“有无对比”是项目评价工作中的一条基本原则，它不仅仅适用于项目的经济分析，同时也适用于项目的财务分析和社会分析。

5. 确立了铁路建设项目经济分析的理论框架。在铁路建设项目经济分析中，采用了国际上广泛应用的费用效益分析法，从理论上确立了识别铁路建设项目经济费用与经济效益的理论框架，使项目的经济效益和费用通过交通市场得以全面反映，避免了铁路建设项目经济效益漏算、错算和重复计算的问题。

6. 注重公益性铁路建设项目经济评价。铁路是国民经济的重要基础设施，铁路建设项目具有公益性并对国民经济和社会发展有重要影响，因此，对公益性铁路建设项目的经济评价作了明确规定。根据国家有关部门要求，增加了区域经济与宏观经济影响分析章节，作为重大铁路建设项目经济评价的组成部分。

1.0.2 适用范围。

本《铁路项目方法与参数》原则上适用于各种投资主体和各种类型的铁路建设项目。

包括：国有铁路建设项目、合资铁路建设项目、地方铁路建设项目和企业铁路建设项目；新设项目法人项目和既有项目法人项目；客运专线、城际铁路、一般铁路等新线建设项目，既有铁路更新改造以及大型站、点改扩建项目等。

对于一些特殊类型的铁路建设项目，评价人员可根据本《铁路项目方法与参数》提出的经济评价理论、原则、思路和方法，结合具体铁路建设项目的特点进行项目经济评价。

1.0.3 经济评价的主要内容。

铁路建设项目经济评价的主要内容包括财务分析、经济费用效益分析、费用效果分析、区域与宏观经济影响分析、不确定性与风险分析以及方案经济比选等内容。不同铁路建设项目，在不同前期工作阶段，评价内容的选择和评价的广度和深度可以有所区别。

1.0.4 评价内容的选择与侧重点。

一般大中型铁路建设项目都需要进行财务分析、经济费用效益或费用效果分析，并对分析结果进行不确定性分析，必要时根据要求进行风险分析；对地区经济、国民经济发展有重要影响的特大型铁路建设项目，除了进行财务分析和经济费用效益或费用效果分析外，还应根据有关部门的要求进行区域经济影响、宏观经济影响分析；个别小型铁路建设项目的评价内容可根据业主或有关部门的具体要求确定。

要在实践工作中不断加强对铁路建设项目的区域与宏观经济影响分析以及风险分析。不但要进行定性分析，同时要根据铁路项目的特点进行定量分析。

对于完全或主要由政府投资的铁路建设项目，应把经济分析作为重点，但同时也要进行财务分析，财务分析的重点是项目的财务生存能力和可持续性分析。财务可持续性分析主要包括：项目融资的合理性和可能性，社会资本参与的积极性，项目收入、支出抵偿分析以及项目财务可持续的政策建议等。

对于完全或主要由企业和社会资本投资的经营性非国有铁路建设项目，经济评价应以财务分析为重点，着重分析项目的盈利能力和清偿能力。同时也要通过经济分析论证项目的经济合理性。

1.0.5 评价内容深度要求。

铁路建设项目前期工作可分为规划研究、项目建议书和可行性研究阶段，不同研究阶段经济评价内容的广度和深度可以有所不同。

可行性研究阶段应按本《铁路项目方法与参数》的内容与要求，系统分析计算铁路建设项目的效益和费用，对项目建设的必要性、财务可行性、经济合理性和投资风险等进行全面评价。

项目建议书阶段的经济评价，应重点分析论证拟建项目立项建设的必要性和可能性。这个阶段所采用的基础数据可适当粗略，采用的评价方法、评价过程以及指标可适当简化。

项目规划阶段研究人员对项目赖以存在的内外部条件的认识还不深刻，具有较大的不确定性。在本阶段，可以采用一些综合性的信息资料，计算一些简便指标进行初步分析。

1.0.6 评价应遵循的基本原则。

1. “有无对比”原则。除了铁路建设项目本身以外，影响铁路运输服务特性的因素很多，为排除项目以外其他因素的影响，真实、客观地界定和计算由于拟建项目的实施所产生的费用和效益，铁路建设项目评价应遵循“有无对比”的边际增量原则。

“有无对比”是广泛应用于项目评价工作中的一条基本原则，不但适用于经济分析，同时也适用于财务分析。鉴于铁路行业具有网络性特点，正确运用“有无对比”对于铁路建设项目经济评价具有非常重要的意义。

有项目是指所研究的系统实施拟建项目时，在计算期内将要发生的情况；无项目是指所研究的系统不实施该项目时，同期内最可能发生的情况。有无项目两种情况都应以综合交通网发展规划为系统背景。

无项目情况的界定是铁路建设项目评价的一个重要环节，并可能对项目评价结论产生重要影响。评价人员应根据国民经济、相关行业及相关地区的发展规划、交通运输市场需求以及铁路和综合交通运输网发展规划等，认真分析如不实施拟建项目最可能发生的情况，并作为“有无对比”的基础。

无项目时，有时为了维持运输系统的正常运行，满足运输市场的基本需求，可能需要一些补充投资。但决不能将为实现相同目标的项目替代方案作为无项目时最可能发生的情况，把“有无对比”变成“方案对比”。更不要把“有无对比”错误地理解为项目实施前后的对比。

在通过“有无对比”识别项目的效益与费用时，要合理界定影响范围。财务分析是在项目运作实体（project operating entity，简称项目实体）所涉及的范围内进行有无对比分析，经济分析是在整个社会经济体系内进行有无对比分析。

2. 费用效益一致性原则。铁路建设项目评价时，效益和费用的计算口径和范围应保持一致，应避免为夸大项目效益，只计效益不计相应费用的倾向。

为正确界定铁路建设项目效益和费用的计算范围，首先需要明确“项目”和“效益”的基本定义，在过去铁路建设项目经济评价工作中，不少评价人员错误地把铁路建设项目理解为立项建设或更新改造的一条铁路、一座桥梁、一个铁路大型枢纽等铁路基础设施，并且把这些基础设施的工程范围作为项目经济评价的费用和效益的计算范围，从而导致项目费用和效益计算范围的混乱。

项目不是“物”，而是为实现某一明确目标而预期实施的一系列经济活动。一条新线建设项目，不是拟建的铁路本身，而是在项目计算期内一系列建设和经营这条铁路的经济活动，拟建铁路本身只不过是该项目形成的资产而已。

项目的效益被定义为项目投入与产出的比较。从不同的角度出发比较项目的投入与产出形成不同类型的效益。从项目实体的角度比较项目的投入与产出所形成的是项目的财务效益；从社会经济体系角度出发比较项目的投入与产出所形成的是项目的经济和社会效益。另外，不同的比较方式又有不同的效益度量指标，如投资利润率、成本利润率等，这些都是静态比较指标；而效益费用比、净现值、内部收益率等为动态比较指标。

费用源于项目的投入，收益源于项目的产出，投入产出是一对相互依存的矛盾，投入是原因，产出是结果，没有投入就没有产出。项目的效益和费用的计算范围和口径应和项目涉及的一系列投入产出活动（包括建设和运营）相对应，而与项目建设所形成的资产本身没有必然的关系。

费用效益一致性原则不但适用于项目经济分析，同时也适用于项目财务分析。在对项目进行经济分析时，费用效益一致性是指项目经济费用和经济效益的一致性；而对项目进行财务分析时，费用效益一致性是指项目财务费用和财务效益的一致性，二者不可混淆。

在一个不可分割的经济活动中，如一项交通运输服务，可能由两个以上的铁路建设项目共同完成，或涉及两个以上运输企业，需要在项目之间或运输企业之间分摊费用和收益时，可以遵循获取的产出收益越高，分摊的投入费用也应越多的费用效益一致性原则。

3. 审慎保守计算原则。铁路建设项目的效益和费用识别比较困难，计算也比较复杂。为避免高估项目效益，提高评价结论的可信度和可靠性，对那些不太确切或相关数据没有把握的效益，应采取审慎保守计算的原则。特别是当项目主要的、比较确定的费用效益分析计算结果可足以为项目投资提供决策依据时，可以忽略那些次要的、难以计算的费用和效益。

4. 突出重点原则。铁路建设项目的产品是提供客货运输服务，即运输对象及其位移，不同的运输对象，不同的起讫点构成不同的运输服务，产生不同的费用和效益。因此，铁路建设项目经济评价涉及面广、数据量大、复杂程度高，技术难度大。在计算项目的各种费用和效益时，不可能也没有必要面面俱到。应该把重点放在那些与项目密切相关的主要效益计算上，包括主要运输对象、主要起讫点、所涉及的主要线路等。而对那些对项目评价结论影响无足轻重的次要效益可采用简化估算方法，甚至根据审慎保守计算原则忽略不计。

5. 其他相关原则。除了以上原则外，铁路建设项目评价时，还应遵循定量分析与定性分析、动态分析和静态分析相结合的原则。财务分析和经济费用效益分析一般以定量分析为主，以定性分析为辅，并根据要求分别计算相应的动态指标和静态指标；区域经济与宏观经济影响分析可以采用定性和定量分析相结合的原则。

1.0.7 铁路建设项目评价特点。

铁路建设项目经济评价应紧密结合铁路行业和铁路建设项目的特点，铁路行业和铁路建设项目的主要特点包括：铁路运输服务生产的系统性、铁路运输网络的关联性和铁路建设项目的公益性。

1. 运输生产的系统性。任何铁路建设项目都是构筑和完善铁路运输系统乃至整个综合交通运输体系不可分割的有机组成部分，拟建项目为完成预期运输任务，都会不同程度地依赖于运输系统的其他部分。因此，在铁路建设项目评价时，不能就项目论项目，简单地把项目的工程范围当成效益与费用的计算范围，而应该根据项目的具体情况，注意计算项目的系统效益和系统费用。

计算项目的系统效益要严格根据有无对比的边际增量原则，只计算由于项目的实施导致的系统边际增量费用和效益。同时要特别注意费用效益对应原则、系统沉没成本、项目避免投资、项目外部成本及外部效益的计算。

计算铁路建设项目的系统效益时，要实事求是，要认真分析项目相关路网在有无项目两种情况下的运输能力运用情况，严格界定系统效益的计算范围，并要同时计算系统效益相应的系统费用，防止项目系统效益计算的扩大化。

2. 运输网络的关联性。铁路运输设施具有网络特点，任何铁路拟建项目在完成预期运输服务时，不仅与既有路网相互关联，同时还可能与其他铁路建设项目相互关联。因此，不少铁路拟建项目存在“相关工程”和“关联项目”，使项目效益与费用的识别与计算复杂化。评价时应通过“有无对比”和“费用效益一致性”原则，科学、准确地识别、界定和计算拟建项目在相关路网上产生的效益与费用。

1）相关路网。拟建项目在完成预期运输任务（包括诱发运量、转移运量和正常运量）时所涉及的交通运输线路，以及在无项目情况下与转移运量和正常运量相对应的趋势运量涉及的交通运输线路的集合，称为该拟建项目的“相关路网”。铁路建设项目相关路网中不但包括铁路，同时还可能包括公路、水运、民航，甚至管道等其他运输方式线路。相关路网的规模与结构取决于拟建项目及其运输需求特点，并通过有无项目两种情况下的运量预测加以确定。

相关路网的技术经济属性是项目评价的重要基础数据，认真分析相关路网的能力及运用情况，必要时改造和疏通相关路网是保证拟建项目正常运营的重要条件。铁路建设项目评价文件中应对项目相关路网的情况予以说明，必要时应编制如表1所示的“项目相关路网属性表”。表中栏目可根据评价需要增减与调整。

表1　项目相关路网属性表

区段＼属性		线路类型	线路等级	区段类型	区段长度	牵引类型	规划运量	输送能力	限定速度	规划投资
线名A	区段1									
	区段2									
	……									
线名B	区段1									
	区段2									
	……									
……	区段1									
	区段2									
	……									

2）相关工程。相关工程是指在相关路网上，对完成项目相关运输服务有制约作用，但规模又不足以立项的局部扩能改造工程，或项目的辅助性工程，相关工程是拟建项目完成运输任务不可或缺的部分。对于运营初期必要的相关工程，应和项目一起在建设期内完成，投资列入建设投资中，并形成固定资产；对于运营中后期需要的相关工程，可以用企业自有资金或贷款，作为运营期投资在需要的前一年建成并形成固定资产。如遇特殊情况不能并入项目一起评价时，应予以说明并在评价中比照“关联项目”做相应处理。

3）关联项目。相关路网上除拟建项目外的所有其他铁路建设项目，包括在建和规划项目，通称为该拟建项目的“关联项目”。关联项目对拟建项目的费用与效益有重要影响。理论上，应将所有关联项目和拟建项目组成一个项目群，并视为一个整体项目进行评价。因为，在完成运输任务时，相互联系在一起的项目群，本身就是一个不可分割的完整项目。从严格意义上讲，把一个完整的铁路建设项目或项目群，分割成若干个子项目或局部项目群分别进行评价是不科学的。因此，应该重视路网发展规划研究与评价，同时，在尽可能的情况下，把关联密切的项目群作为一个整体进行立项评价，而后根据轻重缓急分步实施。

根据项目实施进程，关联项目可分为两类，一是在建关联项目，二是规划（拟建）关联项目。对于在建关联项目，因为投资已不可逆，评价时视为沉没成本，利用其潜在的能力，而不必考虑其投资；对于所有已被主管部门批准列入规划的关联项目，则需要认真研究，并界定其与拟建项目有关运输服务的费用和效益。

根据对拟建项目费用效益的影响作用，关联项目可以分为两类，一类是与拟建项目“串联”共同完成某些运输任务，对拟建项目有辅助功能，称为“辅助性关联项目”；另一类是与拟建项目“并联”分流拟建项目运量的项目，称为“竞争性关联项目”。这两类关联项目对拟建项目效益和费用的影响不同，需要分别处理。

对于拟建的辅助关联项目，可以分不同情况做如下处理：第一，与拟建项目关联度很大的项目（互为支撑项目），应和拟建项目捆绑在一起，作为一个整体项目评价（根据运输需求特点，可以分步或同步实施）；第二，不便于作为一个整体项目评价，且关联度较大的拟建项目，评价时对于其和拟建项目共同完成的那部分运输服务，可遵循“费用效益对应”的原则，由拟建项目承担部分相应投资费用（具体算法见财务分析、经济分析等有关章节），财务分析中称为“关联投资”，经济分析中称为“系统投资”。

对于竞争性关联项目，因为可以分流拟建项目的运量，有降低拟建项目的效益和建设必要性的作用。因此，根据保守计算原则，评价时应考虑竞争关联项目分流运量的负面影响。但是，对于转移运量较大、效益不太好，又存在竞争性关联项目的铁路建设项目，要注意对项目相关路网的分析，充分论证和竞争关联项目同时实施的必要性。

3. 公益性。铁路是国民经济的基础设施，对国民经济和社会的发展具有重要影响。铁路建设项目提供的客货运输服务，受益群体广泛，外部效益很大，具有显著的社会公益性。对于公益性铁路建设项目，要认真做好项目的经济费用效益分析或费用效果分析、区域经济影响分析和宏观经济影响分析，项目财务分析的重点是财务生存能力分析。

1.0.8 评价计算期。

铁路建设项目评价计算期主要取决于项目的经济寿命，一般大中型铁路建设项目建设期和经济寿命都比较长，评价计算期可采用 30 年。对于个别特殊项目的评价计算期，可根据其固定资产构成及经济寿命适当延长或缩短。

项目评价期一般分为建设期和运营期两个阶段。建设期的长短视不同的项目而异，不但与项目规模、复杂程度等项目物理特点有关，同时取决于与施工相关的各种限制措施、融资条件、行政与政治环境甚至天气、气候等外在因素。相反，运营期是一个抽象概念，只用于项目评估目的。一般情况下，运营期应依据投资项目特点和主要固定资产使用年限与项目的经济寿命确定。

项目评价期的长短会对项目的财务和经济评价结果产生一定的影响，判定评价期选择是否合理的原则是项目评价期敏感性分析指标应控制在某一可接受的范围内。也就是说，在选定的评价期的基础上，增加或减少评价期年限时，项目盈利能力指标（内部收益率 *IRR* 和净现值 *NPV*）不应该有明显变化。

理论上不排除项目在财务评价和经济评价中采用不同的评价期（这可能给在经济评价中利用财务评价信息时带来很多麻烦），但实践表明，对于绝大多数铁路建设项目而言不需要选择财务和经济两个评价期。对于一些非常特殊的项目，确实需要分别确定财务评价评价期和经济评价评价期时，评价人员可根据评价期的确定原则选择不同的评价期并在评价文件中予以说明。

1.0.9 价格体系。

财务分析时，原则上应采用以市场价格体系为基础的预测价格，并考虑评价计算期内相对价格变动和物价总水平的变化。考虑到铁路建设项目评价计算期很长，相对价格变动和物价总水平变化都难以预测。为避免预测误差导致评价结论的不确定性，在运营期内，可以仅预测项目运营初期投入物的价格和客货运输服务收费价格，以后采用投入物和产出物相对固定的价格计算项目的费用和效益；但在建设期内应同时考虑投入物相对价格变动和物价总水平变动因素。经济分析时，铁路建设项目投入物采用影子价格体系为基础的预测价格，不考虑计算期内物价总水平的变动因素。

1.0.10 运输需求预测。

1. 预测的目的与范围。

铁路建设项目运输需求预测，是铁路建设项目可行性研究的重要组成部分，主要目的，一是用于确定项目的建设规模与标准，以满足国家与相关地区经济与社会发展对铁路运输的需求；二是满足项目评价的需要，用以分析计算项目各类效益和费用，以判断项目的财务可行性和经济合理性，为铁路投资决策提供科学依据。

铁路建设项目运量预测的范围，在时间上应跨越整个项目评价期（可重点对研究年度进行实质上的运量预测，其他年度可用插入法获得）；在空间上应覆盖整个项目相关路网及相应地区；在运输对象上应包括项目涉及的主要客货运输品类。

2. 预测背景与前提。

影响运量预测因素很多，不同的运量预测背景与前提将导致不同的预测结果。因此，在进行运量预测前，必须对各种预测前提做出合理的假定，并对项目建设和运营期内的经济与路网发展背景作出正确的预测分析。

经济背景。国家及项目相关地区的经济与社会中长期发展规划以及项目相关部门和相关企业的发展规划，是铁路建设项目运输需求预测非常重要的预测背景。预测人员应积极收集、分析和整理这些数据并作为项目运量预测的基础数据或参数反映在各有关预测模型中。

路网背景。出于交通行业的网络特性，从严格意义上说，几乎任何交通项目在完成与项目有关的交通运输服务时，都离不开全国或相关地区的综合交通运输网，所以铁路建设项目预测年度的运输需求与当年处于运营状态的综合交通运输网密切相关。因此，铁路建设项目运量预测应以国家和有关地区的综合交通网发展规划，包括铁路、公路、民航、水运甚至管道的中长期发展规划为预测背景，并在有项目和无项目两种预期情况下，预测铁路建设项目的运输需求。

无项目情况界定。无项目情况分析与界定是铁路建设项目评价的一个重要环节，对项目运量预测、费用和效益计算有很大影响。预测人员应在对项目沿线地区进行调查研究的基础上，进行深入的分析判断，尽量使作出的无项目情况假定接近未来最可能发生的情况。

运价设定。运价水平是铁路建设项目运量预测的重要前提，根据著名的需求法则，项目铁路运价和项目运输需求呈反向变动关系，在其他条件不变的情况下，运价越高运输需求越低，反之亦然。如果由于某种原因需要调整运价时，预测运量也必须随之作相应调整。运量预测中采用的运价要与项目效益和费用计算中采用的运价保持一致。

3. 预测内容。

铁路建设项目运量预测不但要尽量保证预测结果的准确性和可靠性，同时，在预测内容和形式上应能完全满足项目评价工作的需要。因此，应在有项目和无项目两种情况下分别预测各种类型和形式的运量以便通过分析比较计算项目的费用和效益。

1）预测运量分类。需要预测的运量包括无项目情况下的趋势运量，有项目情况下根据形成特点划分的正常运量、诱发运量和转移运量，根据分布特点划分的通过运量、本线运量和交接运量，以及根据是否经由拟建项目划分的项目运量和剩余运量。

A. 趋势运量，是指无项目情况下项目相关路网上各研究年度的预测运量（baseline traffic flows）。趋势运量和下面介绍的正常运量是完全不同的概念，前者是无项目情况下的运量而后者是有项目情况下的运量。趋势运量所体现的运输需求，当有项目时将转化为正常运量或转移运量重新分布于项目相关路网上并以新的运输服务属性来满足运输需求，从而产生了转移运量和正常运量的时间节省、成本节省、事故减少以及环境改善等效益。

B. 正常、诱发和转移运量。与无项目情况相比，铁路建设项目实施后将导致项目相关路网上运输服务的数量、质量和分布发生变化，从而形成正常运量、诱发运量和转移运量。

a）正常运量（normal traffic or baseload traffic）。在项目相关路网的同一线路上，无项目情况下预期也会产生的运输需求，通常叫做正常运量。也就是说，所谓某条线路上的正常运量，就是有项目和无项目两种情况下，都要通过该线路满足的运输需求。但是，从严格意义上说，任何正常运量所体现的运输服务在有无项目两种情况下的运输服务特性是绝对不同的。其差异就是正常运量对项目效益或费用的贡献。

b）诱发运量（generated traffic or induced traffic）。诱发运量是由于项目的实施，改善了运输条件，使广义运输费用降低，或促使项目相关区域经济发展而诱发的运输需求在项目相关路网上产生的运量。诱发运量是由于项目的实施社会新增的运输服务。

c）转移运量（diverted traffic）。因为项目的实施，由运输系统的其他部分转移到某段线路上来的运量。铁路建设项目的转移运量通常大部分为公路转移运量，同时还可能包括航空转移运量、水运转移运量，甚至管道转移运量以及铁路其他径路上的转移运量（铁路转移运量，有时也将铁路转移运量称为分流运量）等。转移运量的产生往往伴随着有无项目情况下运输服务特性的变化和运输径路长度的变化而产生项目效益或费用。

C. 项目运量和非项目运量。铁路建设项目实施后在项目相关路网上形成的运量，根据是否经由拟建项目投资形成的运输设施，又可划分为项目运量和非项目运量。

a）项目运量。项目运量是指经由项目投资形成的运输设施完成的运输服务在项目相关路网上产生的运量。项目运量体现了铁路建设项目的产出，是产生项目各种经济和社会效益的基础，是项目运输需求预测的重点。根据以上有关定义，项目运量也可划分为正常运量、诱发运量和转移运量。

b）非项目运量。非项目运量是指有项目情况下不经由项目投资形成的运输设施完成的运输服务在项目相关路网上形成的运量。根据以上有关定义可知，非项目运量是不经由项目的正常运量。而这种正常运量有一个显著的特点，就是在具有这种正常运量的线路上，有或多或少的运量被转移了，所以，有时也称这种正常运量为剩余运量（residual traffic）。

D. 通过运量、本线运量和交接运量。根据分布特点，项目运量又可进一步划分为通过运量、本线运量和交接运量。区分通过运量、本线运量和交接运量的主要原因有四点。第一，对于项目实体来说，完成同样的吨·公里或人·公里运输服务时，它们的作业量不同，在制定运价时要研究分析它们在项目线路上的平均运程和项目实体担负的发到作业量；第二，它们所产生的经济效益受益群体不同。本线运量和交接运量涉及的经济效益群体多分布于项目沿线地区，而通过运量的客户都远离项目地区。这些信息对于项目区域经济影响、宏观经济影响分析以及社会影响分析有较大的参考价值；第三，有利于确定项目的影响范围，以便识别、界定和计算项目的各种费用和效益；第四，便于采用不同的预测方法。

a）通过运量（transit traffic ）。通过运量是指经由项目全部或部分运输设施，而起点源于项目以外、终点止于项目以外的其他运输设施的运输服务形成的项目运量。在重要干线上的扩能改造项目，以及以缩短运输径路为目的的铁路建设项目，一般都会产生大量的通过运量。通过运量往往会产生较大的系统效益，评价时要注意计算，但需要对通过运量涉及的相关路网进行认真的能力利用分析。

b）本线运量（local traffic）①。本线运量是指由项目沿线各站发到并直接经由项目运输的运量，铁路建设项目的本线运量多为诱发和公路转移运量。除长大干线项目外，本线运量通常运距较短。

c）交接运量（interline traffic）。交接运量是指由项目线路站点发往项目以外线路站点，或者由项目以外线路站点发往项目线路站点的运量。通常地区开发性新建铁路建设项目会产生大量交接运量，它们既可以是诱发运量，也可以是转移运量，其构成取决于项目及运输需求特点及沿线地区的运输条件。在交接运量中，可能存在一些“多式联运转移运量”，即转移前（无项目情况）并非由一种运输方式完成的运量。例如，在无项目情况下，由公路和既有铁路共同完成的运输服务，项目实施后，转移到铁路建设项目上来的运量，要注意这类转移运量的预测及费用和效益的计算特点。

根据以上归类，可以以图 1 的形式表示出各种运量之间的所属或转化关系。

---

① 国内习惯将其译为“地方运量”，为阅读和使用的方便，后文所提“地方运量”均指“本线运量”。

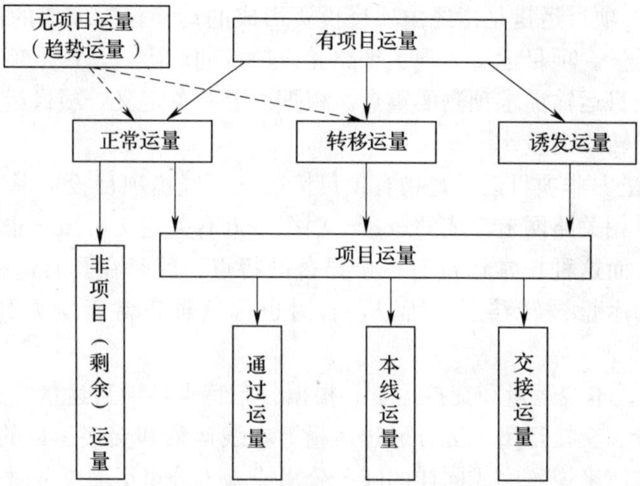

注：实箭头表示所属关系，虚箭头表示转化关系。

图 1　项目相关路网运量预测分类图

2）预测运量形式。铁路建设项目经济评价，既需要 OD 径路形式的运量，也需要线路流量形式的运量。

A. OD 运量数据。清晰地反映了项目所涉及的各种交通运输需求以及项目对相应交通运输市场的影响，是铁路建设项目经济评价的重要基础数据。一般铁路建设项目评价需要预测的 OD 数据包括趋势运量 OD 数据、项目运量 OD 数据、诱发运量 OD 数据、转移和正常运量 OD 数据等。根据评价的需要，有些 OD 运量需要连同相应的径路及运输特性数据一起预测，以便通过诱发、转移、正常等各种形式的运量计算项目的效益和费用。OD 运量数据通常以表格形式反映，称为 OD 表。但必要时也可以用 OD 数据清单的形式反映。

a）趋势运量 OD 表，反映无项目情况下，所有交通小区之间的运输需求，具体表式如表 2 所示。

表 2　××××年度××品类趋势运量 OD 表　单位：万人（万吨）

发区＼数量＼到区	A 区	B 区	C 区	……	总发送量合计
A 区					
B 区					
C 区					
……					
……					
总到达量合计					

b）项目运量 OD 表，只反映项目资产所涉及的运输服务，在某些 OD 对之间，项目运量与项目所属的运输方式的运量并不一定相等。因此，在这种情况下，必须把项目涉及

运输径路的运量单独预测，以便获得该 OD 之间的项目运量。例如，某 OD 间已经存在既有铁路，一条拟建的客运专线铁路也将经过该 OD 区域，虽然既有铁路和客运专线铁路同属于铁路运输方式并都承担旅客运输服务，但运输服务特性有很大差别。作为拟建项目，必须单独预测客运专线铁路的客运量，并作为项目运量反映在项目运量 OD 表中，而既有铁路的客运量将作为剩余运量反映。

项目运量 OD 表的格式如表 3 所示，它和表 2 所不同的是在表的主、宾栏分别增加项目实体发送和项目实体到达栏目，其目的是区分项目运量中的地方运量、交接运量和通过运量。

表 3　××××年度××品类项目运量 OD 表　单位：万人(万吨)

到区 / 数量 / 发区	A 区	B 区	C 区	……	项目实体发送合计	项目总发送量合计
A 区						
B 区						
C 区						
……						
……						
项目实体到达量合计						
项目总到达量合计						

c) 转移和正常运量 OD 表。转移运量是项目运量的一部分，它是铁路建设项目实施后从其他运输方式、运输设施或运输径路上转移到项目上来的运量，通常随着运量的转移运输服务特性都会发生变化，正是这种运输服务特性的变化形成了项目的各种经济效益。因此，从计算项目经济效益的目的出发，凡是转移前后运输服务特性发生较大变化的转移运量，不管它们是否属于同一运输方式，都应该分别预测。例如，在某 OD 之间既存在等级较低的普通公路，又存在高等级高速公路，虽然它们都属于同一运输方式，但它们的径路长度和运输服务特性可能有很大的差异，应单独预测。另一替代办法是对它们进行加权，获得综合的公路转移运量。但同时必须对相应的运输服务特性数据进行加权综合。

如果项目对私人轿车运输的影响不能忽略，必须单独编制转移运量 OD 表，因为私人轿车运输服务和公路公共交通服务特性差别很大。

必要时可以单独编制正常运量 OD 表，例如，一些更新改造项目中，项目运量中除了传统的转移运量外，还包括大量的正常运量。转移运量 OD 表和正常运量 OD 表的表式和表 3 项目运量 OD 表相同。

d) 诱发运量 OD 表，反映的是由于项目实施新增加的运输服务，是项目运量的一部分，诱发运量 OD 表的编制要求和格式与项目运量 OD 表完全相同。

在实际操作中，为便于计算铁路建设项目的经济效益，对于一些对项目效益和费用有重要影响的 OD 运量数据，应连同相应的径路、运输服务属性，以 OD 对清单形式一并编制，如表 4 所示。

表 4　交通小区间运输服务属性表

始发交通小区名称：　　　　编号：　　　　终到交通小区名称：　　　　编号：

运量类型及数量	运输服务特性															
运量类型	数量	径路	进站（场）前				换乘		乘车（机、船）				离站（场）后			
			时间	里程	运费	舒适指标	时间	舒适指标	时间	里程	运费	舒适指标	时间	里程	收费	舒适指标
项目运量																
其中：正常运量																
转移运量 1																
转移运量 2																
转移运量 3																
……																

表 4 的栏目名称适合旅客运输，可根据具体项目评价需要调整。如果为货物运输，栏目的名称可以修改和增减，如换乘可以改为倒装，并把倒装和乘车栏下的舒适度指标改为货物破损指标，同时增加倒装费用，在离站（场）前再增加一组倒装栏目等。转移运量 1、转移运量 2、转移运量 3 等为各种不同运输方式、不同运输路径，甚至不同运输车辆和设备的转移运量，并且运输属性各栏（包括径路）按转移前（无项目情况下）相应的趋势运量属性填写。项目运量中的正常运量也按无项目情况下作为趋势运量时的运输属性数据填写。表中径路栏可填写径路经由的项目相关路网中的线路区段编号，可通过累加获得各线路区段上的总的转移出去的运量，进而获得剩余运量。

OD 表又称 OD 矩阵，可以用以下数学形式表示：

Q^0_{ijk} 反映的是无项目情况下某预测年度趋势运量 OD 表，矩阵中的元素 i、j、k 分别表示发运地点、到达地点和运输对象品类，上角码 0 表示无项目情况。

Q^p_{ijk} 反映的是某预测年度项目运量 OD 表，矩阵中的元素 i、j、k 分别表示发运地点、到达地点和运输对象品类，上角码 p 表示项目运量。

Q^d_{ijkm} 反映的是某预测年度转移运量 OD 表，矩阵中的元素 i、j、k、m 分别表示发运地点、到达地点、运输对象品类和转移前的运输方式或运输径路，上角码 d 表示转移运量。转移运量 OD 表所反映的运输服务有无项目两种情况都会发生，但运输服务所涉及的运输设施不同，具有不同的运输服务特性。这种不同有时表现为运输方式不同；有时表现为运输径路不同；有时表现为运输设备不同，甚至有时仅仅表现为运输质量不同。因此，下角码 m 表示以上所有可能的情况。

Q^n_{ijk} 反映的是某预测年度项目运量中的正常运量 OD 表，矩阵中的元素 i、j、k 分别表示发运地点、到达地点和运输对象品类，上角码 n 表示正常运量。

Q_{ijk}^{g} 反映的是某预测年度诱发运量 OD 表，矩阵中的元素 i、j、k 分别表示发运地点、到达地点和运输对象品类，上角码 g 表示诱发运量。

B. 相关路网运量。在各种 OD 运量预测的基础上，依据 OD 运量的径路，通过叠加可以获得项目相关路网各线路区段上各种形式的运量，如趋势运量、诱发运量、转移运量和正常运量以及地方运量、交接运量和通过运量等。

项目相关路网各线路区段上的运量（运输密度）用以下数学形式表示：

M_{lk}^{1} 表示有项目时线路区段 l 上的项目运量，其中 k 表示运输对象的品类；

DM_{lk}^{1} 表示有项目时线路区段 l 上的转移运量，其中 k 表示运输对象的品类；

NM_{lk}^{1} 表示有项目时线路区段 l 上的正常运量，其中 k 表示运输对象的品类；

GM_{lk}^{1} 表示有项目时线路区段 l 上的诱发运量，其中 k 表示运输对象的品类；

DM_{lk}^{0} 表示无项目时，相关路网线路区段 l 上与转移运量相应的趋势运量，其中 k 表示运输对象的品类；

NM_{lk}^{0} 表示无项目时，相关路网线路区段 l 上与正常运量相应的趋势运量，其中 k 表示运输对象的品类。

项目运量中包含转移运量、正常运量和诱发运量，对所有的线路 l 和运输对象 k，以下公式成立：

$$M_{lk}^{1}=DM_{lk}^{1}+NM_{lk}^{1}+GM_{lk}^{1} \quad \forall\, l,\ k \tag{1}$$

在方式划分或运量分配的过程中，OD 运量中的每一股货流（或客流）和相关路网中一组构成径路的线路相关联，形成 OD 表和相关路网线路的关联矩阵。线路上的运量和 OD 表运量的关系可以用以下数学公式表达：

$$M_{lk}^{1}=\sum_{i,j} Q_{ijk}^{p}\delta_{ijl} \quad \forall\, l,\ k \tag{2}$$

式中　l——项目相关路网线路区段；

Q_{ijk}^{p}——项目运量 OD 矩阵中的元素，i、j、k 分别表示发运地点、到达地点和运输对象品类；

δ_{ijl}——OD 运输径路和线路间关联矩阵中的元素，当 i 和 j 之间的运输服务经过线路 l 时其值为 1，否则其值为 0。

可以通过类似公式把线路上的转移运量和正常以及诱发运量和其对应的 OD 表联系起来。

2 资金来源与融资方案

2.0.1 铁路建设项目的融资方案与投资估算、财务分析有密切关系。一方面，融资方案必须满足投资估算确定的投资额度、时间和币种要求；另一方面，不同融资方案融资后财务分析结论，也是比选、确定融资方案的依据，而融资方案确定的铁路建设项目资本金和债务资金数额和相关融资条件又为进行资本金盈利能力分析、项目偿债能力分析、项目生存能力分析等财务分析提供了必要的基础数据。

2.0.2 分析、研究铁路建设项目融资渠道和融资方式，提出项目融资方案，应首先确定铁路建设项目的融资主体。正确确定铁路建设项目的融资主体，有助于顺利筹措资金和降低债务偿还风险。确定融资主体应考虑铁路建设项目投资的规模和特点，项目与既有运输企业运输设施和经营活动的联系，既有运输企业的财务状况，项目自身的盈利能力等因素。

2.0.3 按照融资主体不同，铁路建设项目融资方式分为既有法人融资和新设法人融资两种。

1. 既有法人融资方式。是以既有法人为融资主体的融资方式。在下列情况下，一般应以既有法人为铁路建设项目的融资主体：

1）既有法人具有为项目进行融资和承担全部金融责任的经济实力；

2）项目与既有法人的运输生产活动联系密切；

3）项目盈利能力较差，但项目对整个运输企业的持续发展具有重要作用，需要利用既有法人的整体资信获得债务资金；

4）项目相关运输服务能较好地利用既有法人的沉没资产（Sunk Cost）。

2. 新设法人融资方式。是以新组建的具有独立法人资格的项目公司为融资主体的融资方式。在下列情况下，一般应以新设法人为铁路建设项目的融资主体：

1）项目投资规模很大，既有法人不具备为项目进行融资和承担全部金融责任的经济实力；

2）既有法人财务状况较差，难以获得债务资金；

3）项目相关运输服务与既有法人的运输生产活动联系不密切；

4）项目自身具有较强的盈利能力，依靠项目自身未来的现金流量可以按期偿还债务。

2.0.4 铁路建设项目资本金中的政府投资，包括各级政府的财政预算资金、铁路建设基金、统借国外贷款、土地批租收入、地方政府按规定收取的各种费用及其他预算外资金等。中央政府投资应主要安排跨地区、跨流域以及对经济和社会发展全局有重大影响的铁路建设项目。

2.0.10 资金结构合理性分析。根据我国有关法规规定，从1996年开始，对各种经营性国内投资项目试行资本金制度，投资项目资本金占总投资的比例，根据不同行业和项目的经济效益等因素确定，交通运输业的投资项目，资本金所占比例应不低于25%。

2.0.12 融资风险是指融资活动存在的各种风险。融资风险有可能使投资者、项目法人、债权人等各方蒙受损失。在融资方案分析中，应对各种方案的融资风险进行识别、比较，并对最终推荐方案提出防范风险的对策。铁路项目融资风险分析应重点考虑以下风险因素：

1. 资金供应风险。资金供应风险是指在项目实施过程中由于资金不落实，导致建设工期延长，工程造价上升，使原定投资效益目标难以实现的可能性。

2. 利率风险。利率风险是指由于利率变动而导致的资金成本上升，给项目造成损失的可能性。利率水平随金融市场情况而变动，未来市场利率的变动会引起项目融资成本发生变动。采用浮动利率时，项目的资金成本随利率上升而上升，随利率下降而下降；采取固定利率时，如果未来利率下降，项目资金成本不能随之下降，相对资金成本将升高。为了防范利率风险，应对未来利率走势进行分析，以确定采取何种利率。

3. 汇率风险。汇率风险是指由于汇率变动给项目造成损失的可能性。使用外汇贷款的铁路建设项目，未来汇率的变动会引起项目资金成本发生变动以及未来还本付息费用的变动。为防范汇率风险，使用外汇数额较大的铁路建设项目，应对人民币的走势、所借外汇币种的汇率走势进行分析，以确定借用何种外汇币种及采用何种外汇币种结算。

3 财务分析

3.1 目的和范围

3.1.2 项目实体（project-operating entity），是财务分析中费用与收益的载体，所以有时也被称为项目财务主体。项目实体唯一确定了项目财务分析的边界，明确了项目财务收益与费用的计算方法和计算范围。财务分析时必须首先明确项目实体、项目实体预期实行的运营管理模式以及在项目实施全过程中项目实体与其他相关运输企业之间的运营业务和财务清算关系。

在铁路建设项目规划研究和预可行性研究阶段确实无法明确项目实体运营管理模式的，可根据费用效益范围对应一致原则，按比例计算在项目实体管辖资产上产生的财务收益和费用。但应根据运量预测结果，认真分析通过运量、地方运量与交接运量的构成，估算合理的运价率和运营成本费率。

项目实体可以是既有法人企业，也可以是新建法人企业。既有法人企业项目必须通过有无对比计算项目实体收益、费用增量作为拟建项目的财务效益和费用；新建法人企业无项目情况下，项目实体尚不存在，费用、收益为零，所以项目实施（包括建设和运营）所发生的全部收益和费用即为项目的财务收益和费用。

目前铁路建设项目实体类型主要有：铁道部（代表国有铁路行业）、合资或独资铁路有限责任公司、地方铁路公司、铁路局和铁路专业运输公司等，随着铁路投资主体进一步多元化，更多类型的铁路建设项目实体可能出现，不同类型的铁路建设项目实体费用和收益产生的过程与形式、计算范围与方法等可能有较大差别，应根据具体项目和具体情况认真识别、分析与计算。

3.2 基础数据与参数选取

3.2.2 运量。根据评价需要，必要时要合理测算项目相关运输服务的发到量、周转量和相关线路的运输密度等运量指标。

1. 发到量。发到量即在运输服务过程中产生的发送作业量和到达作业量，货物发到量通常以吨（或万吨）表示，旅客发到量通常以人（或万人）表示。根据具体铁路建设项目财务分析的需要，所涉及的发到量可能包括有无项目两种情况下，项目相关运输服务的发到量及其增量。

项目实体发到量增量表示项目实体因项目实施而增加的客货发到量，可以通过项目实体有项目时完成的与项目有关发到量减去项目实体无项目时完成的与项目转移运量和正常运量有关的发到量进行计算。

1）有项目情况下，项目实体完成项目相关运输服务产生的客货发到量可通过相应的OD表用下列公式计算：

各交通小区货物发送量：$F_i^{货} = \sum\limits_{j,k \in 货} Q_{ijk}^{p} \quad \forall i \in E$ (3)

各交通小区货物到达量：$D_j^{货} = \sum_{i,k \in 货} Q_{ijk}^{p} \quad \forall j \in E$ (4)

各交通小区旅客发送量：$F_i^{客} = \sum_{j,k \in 客} Q_{ijk}^{p} \quad \forall i \in E$ (5)

各交通小区旅客到达量：$D_j^{客} = \sum_{i,k \in 客} Q_{ijk}^{p} \quad \forall j \in E$ (6)

式中 Q_{ijk}^{p}——交通小区 i，j 之间的项目运量；

E——项目实体所属 i 或 j 交通小区的集合；

k——运输对象的品类。

2）无项目情况下，可通过以下公式计算项目实体完成的与项目转移运量和正常运量相应的趋势运量的客货发到量：

无项目各交通小区货物发送量：$RF_i^{货} = \sum_{j,k \in 货} RQ_{ijk}^{dn} \quad \forall i \in E$ (7)

无项目各交通小区货物到达量：$RD_j^{货} = \sum_{i,k \in 货} RQ_{ijk}^{dn} \quad \forall j \in E$ (8)

无项目各交通小区旅客发送量：$RF_i^{客} = \sum_{j,k \in 客} RQ_{ijk}^{dn} \quad \forall i \in E$ (9)

无项目各交通小区旅客到达量：$RD_j^{客} = \sum_{i,k \in 客} RQ_{ijk}^{dn} \quad \forall j \in E$ (10)

式中 RQ_{ijk}^{dn}——无项目情况下交通小区 i，j 之间与铁路转移或正常运量相应的趋势运量；

E——项目实体所属 i 或 j 交通小区的集合；

k——运输对象的品类。

3）有无对比增量，可以用公式表示如下：

各交通小区货物发送量增量：$IF_i^{货} = F_i^{货} - RF_i^{货} \quad \forall i \in E$ (11)

各交通小区货物到达量增量：$ID_j^{货} = D_j^{货} - RD_j^{货} \quad \forall j \in E$ (12)

各交通小区旅客发送量增量：$IF_i^{客} = F_i^{客} - RF_i^{客} \quad \forall i \in E$ (13)

各交通小区旅客到达量增量：$ID_j^{客} = D_j^{客} - RD_j^{客} \quad \forall j \in E$ (14)

以上是计算客货运输发到量的过程，必要时可以比照上述计算过程和计算公式计算具体旅客类型和货物品名的发到量。

2. 周转量。周转量通常用来描述运输服务的工作量，是指通过某线路运输的旅客或货物数量和该线路长度的乘积，通常以吨·公里或人·公里表示。根据具体铁路建设项目财务分析的需要，所涉及的发到量可能包括有无项目两种情况下，项目相关运输服务的周转量及其增量。

1）有项目情况下，项目相关运输服务在项目实体所属路网各区段上形成的客、货以及换算周转量可以通过以下公式计算：

$$Z_l^{货} = M_l^{货} D_l \quad \forall l \in E \tag{15}$$

$$Z_l^{客} = M_l^{客} D_l \quad \forall l \in E \tag{16}$$

$$Z_l^{换} = Z_l^{货} Z_l^{客} \quad \forall l \in E \tag{17}$$

式中 l——线路区段；

$M_l^{货}$——有项目情况下，项目运量在线路 l 形成的货流密度；

$M_l^{客}$——有项目情况下，项目运量在线路 l 形成的客流密度；

E——项目实体所属线路区段的集合；

D_l——区段 l 的长度。

2）无项目情况下，与铁路转移和正常运量相应的趋势运量，在项目实体所属路网各区段上形成的客、货以及换算周转量的计算公式如下：

$$RZ_l^{货}=RM_l^{货}D_l \quad \forall l\in E \tag{18}$$

$$RZ_l^{客}=RM_l^{客}D_l \quad \forall l\in E \tag{19}$$

$$RZ_l^{换}=RZ_l^{货}+RZ_l^{客} \quad \forall l\in E \tag{20}$$

式中 l——线路区段；

$RM_l^{货}$——无项目情况下，与铁路转移和正常运量相应的趋势运量，在线路 l 形成的货流密度；

$RM_l^{客}$——无项目情况下，与铁路转移和正常运量相应的趋势运量，在线路 l 形成的客流密度；

E——项目实体所属线路区段的集合；

D_l——区段 l 的长度。

3）有无对比，货、客和换算周转量增量，通过下列公式计算：

$$IZ^{货}=\sum_{l\in E}Z_l^{货}-\sum_{l\in E}RZ_l^{货} \tag{21}$$

$$IZ^{客}=\sum_{l\in E}Z_l^{客}-\sum_{l\in E}RZ_l^{客} \tag{22}$$

$$IZ^{换}=IZ^{货}+IZ^{客} \tag{23}$$

3．运输密度。运输密度是指在单位时间内（通常为一年）某线路单位长度上所完成的客货周转量。铁路建设项目财务分析需要在有无项目两种情况下，测算项目有关运输服务在项目实体所属路网上形成的运输密度。一般项目只需测算客流密度、货流密度和换算密度，必要时也可以测算不同运输对象（如煤炭、集装箱等相关运输品名）的运输密度。

1）有项目情况下，项目相关运输服务在项目实体所属路网上形成的货流、客流和换算密度可用下式计算：

$$M_l^{货}=\sum_{k\in 货}M_{lk}^1 \quad \forall l\in E \tag{24}$$

$$M_l^{客}=\sum_{k\in 客}M_{lk}^1 \quad \forall l\in E \tag{25}$$

$$M_l^{换}=M_l^{货}+M_l^{客} \quad \forall l\in E \tag{26}$$

式中 l——线路区段；

M_{lk}^1——有项目情况下，第 k 类运输对象在线路 l 上形成的运输密度；

E——项目实体所属线路区段的集合。

2）无项目情况下，与铁路转移和正常运量相应的趋势运量，在项目实体所属路网上形成的货流、客流和换算密度可用下式计算：

$$RM_l^{货}=\sum_{k\in 货}DM_{lk}^0+\sum_{k\in 货}NM_{lk}^0 \quad \forall l\in E \tag{27}$$

$$RM_l^{客}=\sum_{k\in 客}DM_{lk}^0+\sum_{k\in 客}NM_{lk}^0 \quad \forall l\in E \tag{28}$$

$$RM_l^{换}=RM_l^{货}+RM_l^{客} \quad \forall l\in E \tag{29}$$

式中 l——线路区段；

NM^0_{lk}——无项目情况下，第 k 类运输对象在线路 l 上形成的运输密度；

E——项目实体所属线路区段的集合。

3.2.3 运营成本费率。根据评价需要，铁路运营成本费率应分固定运营成本费率和可变运营成本费率分别测算。

1. 固定运营成本费率。铁路线路各区段的固定运营成本费率是指该区段内平均每营业公里线路每年发生的固定运营成本，单位为万元/公里。

固定运营成本与线路类型、牵引种类，以及线路所在地区地形条件等因素有关，而与运量无关。本《铁路项目方法与参数》中用 FC_l 表示铁路区段 l 的固定运营成本费率。

2. 可变运营成本费率。可变运营成本费率是指在运输服务过程中，单位作业量所发生的运营成本。铁路运输服务作业量分发到作业量、中转作业量和区间运行作业量，但考虑到项目评价阶段很难预测中转作业量，为此，将中转作业成本合并到区间运行作业，并设定了与此相应的发到可变成本费率和运行可变成本费率以及根据需要进一步将发到与运行合并后的综合可变运营成本费率。

1）发到可变成本费率。发到可变成本费率即平均办理单位运输对象（货运为吨、客运为人）发送或到达作业所发生的可变运营成本。为简化计算，假定在同一地区，办理发送作业和到达作业的可变运营成本费率相等，并用符号 OC_{ik} 和 DC_{jk} 分别表示发送可变成本费率和到达可变成本费率，其中 i 表示发送地，j 表示到达地，k 表示运输对象种类。用 $OC_i^{货}$、$DC_j^{货}$ 和 $OC_i^{客}$、$DC_j^{客}$ 分别表示货运和客运综合发到可变成本费率。评价时可以根据项目特点和具体需要测算和采用不同粗细程度的发到成本费率估算运营成本。

2）运行可变成本费率。线路区段 l 上单位周转量平均发生的可变运营成本被定义为该线路区段的可变运行成本费率，单位为元/吨·公里（货运）或 元/人·公里（客运），并用符号 YC_{lk} 表示。其中 l 表示线路区段，k 表示运输对象品类。用 $YC_l^{货}$ 和 $YC_l^{客}$ 分别表示货运和客运综合可变运行成本费率。评价时可以根据项目特点和具体需要测算和采用不同粗细程度的运行成本费率估算运营成本。

根据拟建项目的运输需求特点，如果没有必要单独测算可变发到运营成本和可变运行成本时，也可以测算包括可变发到运营成本在内的综合可变运行成本费率，来估算拟建项目的可变运营成本。综合可变运行成本费率用符号 ZC_{lk} 表示，其中 l 表示线路区段，k 表示运输对象种类，用 $ZC_l^{货}$ 和 $ZC_l^{客}$ 分别表示货运和客运综合可变运行成本费率。

铁路建设项目的运营成本应通过运营成本费率与相应运量计算，运营成本费率与运输设施所在地区特征、线路类型与等级、机车牵引方式以及运输空率等因素有关。对于既有铁路的运营成本费率，可参照铁道部安排的专题研究成果（见附件一，运营成本费率）经调整后确定；对于拟建项目的运营成本费率，原则上应由评价人员根据人员工资、原材料、燃料与动力、设备维修等成本要素构成及相应的设计定额自行测算；对于新型和特殊铁路建设项目，如客运专线、城际铁路建设项目等，应进行专题研究测算运营成本费率；对于同类型铁路建设项目已有研究成果的，可在研究成果的基础上根据拟建项目特点调整后采用。

在测算铁路建设项目运营成本费率时，要注意项目经济评价中的成本分类和铁路企业现行财务成本分类的区别与联系，并进行适当的调整。项目评价中投资已作为建设费用单列，所以固定资产折旧、无形及其他资产摊销费应分别从现行财务营运成本和管理费中剔除单列；把不含折旧费的营运成本和不含无形与其他资产摊销费的管理费合并作为经济评价中的运营成本，把运营成本进一步划分为随运量变化的可变运营成本和不随运量变化的固定运营成本；最后把以上所有随运量变化的成本合并为项目总可变成本，而把所有不随运量变化的成本合并为项目总固定成本。图 2 详细说明了项目总成本构成，虚线以上是现行财务制度运输成本分类，虚线以下是根据评价需要在现行财务制度基础上调整后的成本分类。

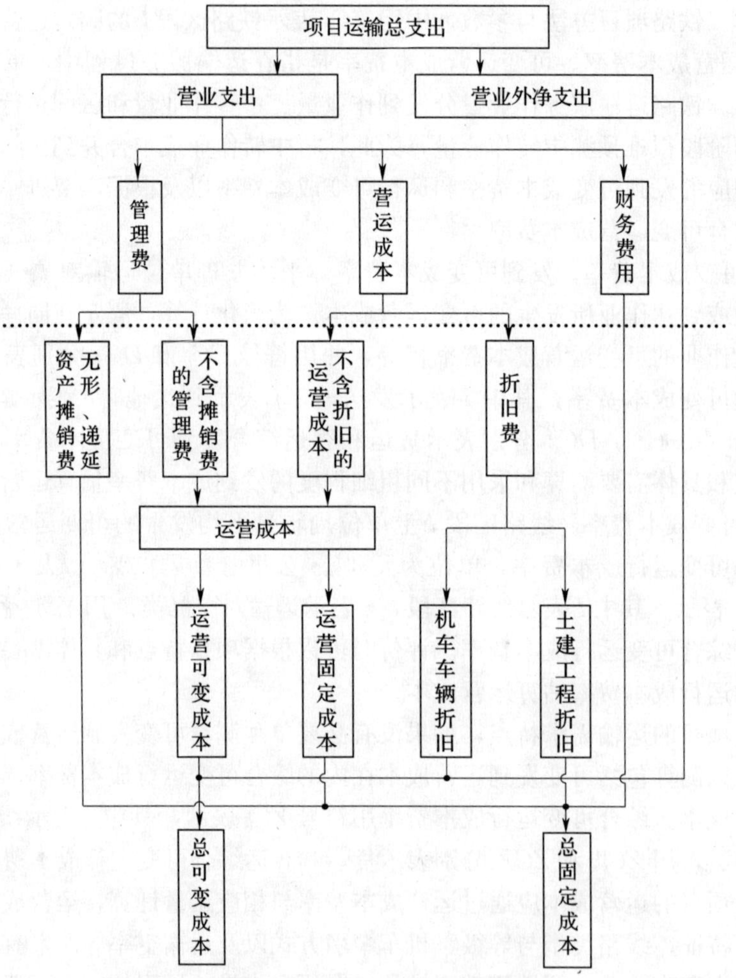

图 2　铁路建设项目成本结构示意图

按照铁路现行财会制度的规定，铁路运输总成本费用称之为铁路运输总支出，由营业支出和营业外净支出构成。营业支出又划分为营运成本、管理费用和财务费用；按成本费用的经济要素构成，营业支出又可分为工资、材料、燃料、电力、折旧和其他六大成本要素。营业外净支出是指营业外支出减去营业外收入后的净额。

可变运营成本是与客货发送量及行车量有关的支出，包括机车燃料或电力消耗费用、机车车辆修理养护费用、机车与列车乘务员工资、货物到发费用及分摊的管理费等；固定运营成本即铁路固定设施（包括正线、站线、车站、区间通信信号与电力牵引供电设施等）的修理、维护费用及分摊的管理费等。

3.2.4 运价率。在确定预测运价时既要考虑运输成本（包括建设投资在内的全部运输成本）、运输质量，同时也要考虑消费者承受能力和其他运输方式的竞争以及国家铁路运价政策等多方面因素。在项目经济评价报告中应对预测运价的背景和合理性作出说明。

完全由政府投资的国家铁路建设项目，原则上应参照评价时国家有关部门批准的全国统一运价水平确定项目运价（个别经国家批准实行新线新价的项目除外）。由国内外企业和其他社会资本完全或部分投资的铁路建设项目，可以由项目实体根据项目运输成本（包括建设和运营成本）和运输供求状况以及运输市场竞争形势制定新的运价。

由政府投资或以政府投资为主的铁路建设项目，运价制定原则是社会效益最大化。也就是说，在制定运价时要充分考虑消费者承受能力、公益性服务、安全与清洁环境等广泛的公共利益。但为使项目的社会效益得以实现，同时也要考虑运输企业的财务需求，使项目具备财务上的可持续性。

在确定铁路建设项目运价时要注意运价对运量的影响，应避免为提高项目财务效益任意提高运价而使预测运量保持不变现象。

铁路建设项目运输产品种类繁多，不可能也没有必要一一测算运价。实际操作时，可根据项目的具体情况，对于那些对项目效益和费用影响较大的运输品名确定不同的运价率，其余采用平均运价率。

铁路现行货物运价执行双运价率结构，即发到基价和运行基价（见附件二表 2）。铁路建设项目财务分析时所采用的运价形式，原则上应和现行运价保持一致，并以现行运价水平作为项目运价预测基础。根据项目运输需求特点和评价需要，必要时也可以通过测算综合吨·公里运价率来计算项目的运输收入。

铁路旅客运输通过不同类型的旅客列车别（普通、快车、特别快车、中、高速动车组列车等）和不同席别（硬座、软座、硬卧、软卧等）制定票价，铁路建设项目财务分析时，可根据预期的列车开行方案和列车编成等有关数据测算确定客运综合运价率计算项目的客运收入。

1. 发到运价率。发到运价率即为发送单位（吨）货物运输对象的收费（包括到达作业收费），用符号 OP_k 表示。其中 k 表示运输对象品类。用 $OP^{货}$ 表示不分品类的综合货物发到运价率。评价人员可以根据项目特点和具体需要测算和采用不同粗细程度（分货物品名）的发到运价率。当项目实体办理的发送和到达作业不平衡时，可采用发到运价率的 1/2 来计算发送或到达运输收入。

2. 运行运价率。线路区段 l 上单位周转量平均运输收费被定义为该线路区段的运行运价率，并用符号 YC_{lk} 表示。其中 l 表示线路区段，k 表示运输对象品类。

3. 综合运价率，是指包括发到作业收费在内的平均单位周转量收费。用 $YC_l^{货}$ 和 $YC_l^{客}$ 分别表示货运综合运行运价率和客运综合运价率（旅客运输只测算综合运价率）。评价时可以根据项目运输需求特点和具体需要测算和采用不同粗细程度（分货运品类）的综合运价率估算运输收入。

为简化计算，目前在铁路建设项目评价中普遍采用综合平均吨·公里运价率计算项目运输收入，如不认真分析项目的运输需求特点，可能导致无意中抬高或降低一些建设项目运价水平。例如，一个不包括地方运量和交接运量，只有通过运量铁路建设项目，因不办理任何发送或到达作业，只应当收取运行作业费。在确定项目运价时，如不考虑这种运量结构特点，仍按全路综合平均吨·公里运价率计算收入，显然无意中抬高了项目运输服务的价格。反之，对于那些包含大量短途地方运量的铁路建设项目，将发生无意压低运价水平的情况。

以附件二表 2 中的 6 号运价为例，发送运价率为 16.80 元/吨，运行运价率为 0.0845 元/吨·公里。通过计算可知，如果运程为 100 公里，综合运价率为 0.2525 元/吨·公里；如果运程为 500 公里，则综合运价率降为 0.1181 元/吨·公里；2009 年某执行 6 号运价的货物的平均运程为 890 公里，对应的综合运价率为 0.1034 元/吨·公里。

图 3 是该货物综合运价率与运距关系图。从图中可以看出，运距在 500 公里以内综合运价率随距离变化越来越敏感。如果项目经济评价采用综合运价率，要特别注意项目运量结构对综合运价率的影响。

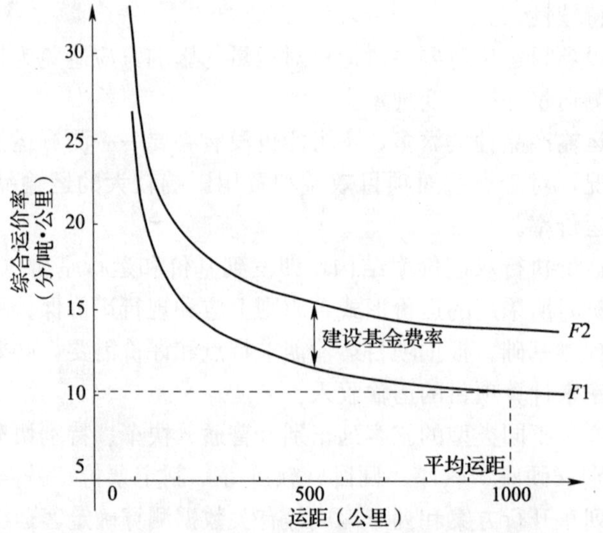

图 3　13 号货物综合运价率与运距关系图

注：F1 为不包括建设基金的综合运价率曲线图；F2 为包括建设基金的综合收费率曲线图。

3.2.5　折旧率。可分类计算拟建项目各年度固定资产折旧费，也可以通过测量项目综合折旧率来近似计算。

测算项目土建工程固定资产综合折旧率应首先根据“铁路部门固定资产分类折旧表”（表 5）的分类要求，并参考表 6 将项目土建工程形成的固定资产归类，然后按加权平均法计算出项目土建工程综合折旧率。具体计算公式如下：

$$ZDR = \frac{\sum A_i \times DR_i}{\sum A_i} \tag{30}$$

式中　ZDR——项目综合折旧率；

A_i，DR_i——第 i 类固定资产的原值和折旧率。

表 5　铁路部门固定资产分类折旧表

固定资产分类	折旧年限	预计净残值率（%）	折旧率（%）
1. 机车车辆	16 年	5.12	5.93
2. 集装箱	8 年	5.04	11.87
3. 线路			
其中：路基	100 年	5	0.95
道口	45 年	5.05	2.11
桥梁	65 年	5.1	1.46
他桥涵建筑物	45 年	5.05	2.11
隧道	80 年	5.6	1.18
涵渠	55 年	6.5	1.7
防护林	45 年	5.05	2.11
线路隔离网	15 年	5.05	6.33
钢轨（包括道岔）、轨枕、道碴			
4. 信号设备	8 年	5.04	11.87
5. 房屋			
其中：一般房屋	38 年	5	2.5
受腐蚀生产用房	20 年	5	4.75
受强腐蚀生产用房	10 年	5	9.5
简易房	8 年	5.04	11.87
6. 建筑物	20 年	5	4.75
7. 机械动力设备	10 年	5	9.5
8. 运输起动设备	8 年	5.04	11.87
9. 传导设备	20 年	5	4.75
10. 电气化供电设备	8 年	5.04	11.87
11. 仪器仪表	8 年	5.04	11.87
12. 工具及器具	5 年	5	19
13. 信息技术设备	5 年	5	19
14. 高价互换配件			
15. 土地			
16. 其他			

注：表中最后三项不必单独考虑。

3.2.6　财务基准收益率。《国务院关于投资体制改革的决定》确定了“谁投资、谁决策、谁收益、谁承担风险”的基本原则。包括财务基准收益率在内的各种评价参数的测算都应贯彻和体现这一基本原则。所以，由政府投资并且由政府管制运价的项目，其财务基准收益率应根据政府政策导向确定；由社会资本投资并由市场决定运价的项目，应根据资金成本和风险收益，由投资者自行确定财务基准收益率。

3.3　费用估算

3.3.1　这里所指的“财务费用”是铁路成本会计中的财务费用科目，主要为贷款利息。

3.3.2 项目总投资。

1. 项目建设期投资。包括：土建工程投资、建设期利息以及需要在建设期末投入但在运营初期使用的机车车辆购置费和铺底流动资金等。

1）土建工程投资。项目建设期土建工程投资包括静态投资和动态投资两部分。静态投资部分包括：拆迁及征地费用、路基、桥涵、隧道、轨道、房屋、通信信号以及基本预备费等；动态投资部分包括建设期投资贷款利息和工程造价增涨预留费（见表6）。

表6　总（预）估算汇总表　　　　人民币单位：万元

建设名称				工程总量				
（预）估算总额				技术经济指标				
总（预）估算编号						合计	技术经济指标（万元）	费用比例（%）
编制范围								
章别	费用类别							
第一部分：静态投资								
一	拆迁及征地费用							
二	路基							
三	桥涵							
四	隧道及明洞							
五	轨道							
六	通信及信号							
七	电力及电力牵引供电							
八	房屋							
九	其他运营设备及建筑物							
十	大临和过渡工程							
十一	其他费用							
	以上各章合计							
十二	基本预备费							
第二部分：动态投资								
十三	工程造价增涨预留费							
十四	建设期投资贷款利息							
第三部分：机车车辆购置费								
十五	机车车辆购置费							
第四部分：铺底流动资金								
十六	铺底流动资金							
	（预）估算总额							

2）建设期利息。对于采用债务融资的铁路建设项目应估算建设期利息。建设期利息系指筹措债务资金时在建设期内发生并按规定允许在运营后计入固定资产原值的利息。建设期利息包括银行借款和其他债务的利息，当估算建设期利息时，应同时估算并计入可能发生的其他有关融资费用，包括手续费、承诺费、管理费、信贷保险费等。为便于计算，需要编制财务分析辅助报表——建设期利息估算表（见表7）。

表7　建设期利息估算表　　人民币单位：万元

序号	项目	建设期				
		合计	第一年	第二年	…	第 m 年
			20××年	20××年	…	20××年
1	借款					
1.1	建设期利息					
1.1.1	期初借款余额					
1.1.2	当期借款					
1.1.3	当期应计利息					
1.1.4	期末借款余额					
1.2	其他融资费用					
1.3	小　计					
2	债券					
2.1	建设期利息					
2.1.1	期初债务余额					
2.1.2	当期债务金额					
2.1.3	当期应计利息					
2.1.4	期末债务余额					
2.2	其他融资费用					
2.3	小　计					
3	合　计					
3.1	建设期利息合计					
3.2	其他融资费用合计					

注：如有多种借款或债券，必要时应分别列出。

建设期利息需要分年详细计算。国内外借款，无论实际按年、季或月付息，均可简化为按年付息计算，即将名义利率 r 按每年计息次数 m 折算为有效年利率，计算公式为：有效年利率＝（$1+r/m)^m-1$；本年借款按年中支付、半年计息考虑，本年应计利息等于：（年初借款本息累计＋本年借款额/2）×年利率；建设期利息可按单利或复利计算，按单利计算时当年支付本年利息；有国外贷款时，国内、外贷款应分别计算。

3）基本预备费，也称不可预见费，主要是事先无法预见但在设计施工过程中可能发生的，按规定可以增加的费用，如二类、三类变更设计引起的费用增加，处理和预防自然灾害引起的费用增加等。项目总投资中基本预备费按铁路有关部门的最新规定计列。

4）工程造价增涨预留费。工程造价增涨预留费是为项目在建设期内由于价格上涨可能引起工程投资增加而预留的费用，亦称为价格变动不可预见费。当价格上涨因素不可忽略时，要根据有关部门规定，在项目总投资中计列工程造价增涨预留费。工程造价增涨预留费 $A_{涨}$ 可据下式计算：

$$A_{涨}=\sum_{t=t_0}^{t_0+m}A_t[(1+a_{涨})^t-1] \tag{31}$$

式中 t——投资年度至文件编制年度的年数；

t_0——文件编制年度的年数至开工年度的年数；

m——开工年度到竣工年度的年数；

A_t——建设期各年度静态投资；

$a_{涨}$——预测的投资涨价指数。

5）建设期末机车车辆购置费。根据铁路有关部门的规定，项目运营初期需要的机车车辆在建设期的最后一年购置，并将购置费纳入项目建设投资中。运营初期可以是运营第一年、第二年或第三年，根据项目运营初期运量变化特点确定。

6）铺底流动资金。铁路建设项目运营初期需要的流动资金作为铺底流动资金填入建设期最后一年并作为项目建设投资进入建设期投资总额。铺底流动资金一般按铁路建设项目所需流动资金总额的30%计算，铁道部有关部门对铺底流动资金有规定的铁路建设项目，按规定计列。

2. 运营期投资。运营期投资包括随着运量的增长需要增置和更新机车车辆、集装箱等移动运输设备的购置费，运营期可能需要追加的工程投资，寿命短于项目运营期的固定资产的更新投资等。如果在项目实体范围中存在辅助性规划关联项目，还需要考虑拟建项目的关联投资费用。

1）机车车辆购置（租赁）费。需要自备机车车辆的项目实体，项目运营期投资中应包括机车车辆购置费。不需要自备机车或车辆的项目实体，需要租赁机车或车辆来完成项目预期的运输任务，其租赁费用应作为可变运营成本并单独计列。

机车车辆购置费在需要使用的前一年列支，租赁费在需要使用的当年列支。为便于计算，需要编制财务分析辅助报表——机车车辆购置（租赁）费估算表（见表8）。

表 8　机车车辆购置（租赁）费估算表

单位：台、辆、万元、万吨（人）·公里

期间		建设期末	运营期					合计
年序号		m	$m+1$	$m+2$	$m+3$	$m+4$	…	
年度		20××年						
周转量	客							
	货							
机车	需要数		J_1		J_3			
	增购（租）数		J_1		J_3-J_1			
	购置（租赁）费	$P_j \cdot J_1$		$P_j\ (J_3-J_1)$				
货车	需要数		H_1		H_3			
	增购（租）数		H_1		H_3-H_1			
	购置（租赁）费	$P_h \cdot H_1$		$P_h\ (H_3-H_1)$				
客车	需要数		K_1		K_3			
	增购（租）数		K_1		K_3-K_1			
	购置（租赁）费	$P_k \cdot K_1$		$P_k\ (K_3-K_1)$				
购置（租赁）费								

注：1. 此表为两年购置一次的机车车辆购置费计算表，根据项目运量增长特点，必要时可以改为1年或几年购置一次。如为租赁费，应每年计算一次并将租赁费列入当年。

2. J、H、K 连同它们的下标分别表示相应年度的机车、货车、客车的需要量。P 为相应设备的购买或租赁单价。

3. 需要购置或租赁不同类型机车车辆、集装箱等特殊类型的移动设备时可在表中增加相应栏日。

4. 运营初期（第一年或第二年）的需要量，其购置费在建设期末支付并计入项目建设期投资。其余年度的购置费转列入现金流量表中“机车车辆购置费”一栏的相应年度内。

5. 表中周转量栏应为项目周转量增量，并和财务分析相应表格数据保持一致，如考虑了项目实体的机车车辆存量资产情况，应予以说明。

机车车辆需要量随运量（周转量）增长而增加，在计算机车车辆需要量时，原则上应根据项目实体有无项目周转量的增量和机车车辆年平均工作定额计算，并视项目运量增长情况，一年、两年或几年购置一次。

如项目实体具有一定机车车辆存量资产（沉没资产），不必按周转量增量全额购置机车车辆，根据存量资产的多少，按周转量增量的一部分测算机车车量购置量，但要对此作具体说明。

2）关联投资费用，是指拟建项目在完成有关运输服务时，需要利用拟建辅助关联项目时应为此承担的相应投资费用。为简便起见，关联投资费用不予以资本化，而通过资本年度化后作为年度费用处理。

当拟建项目存在不可忽略的关联项目时，根据具体情况可采用三种方式处理，一是完全计算拟建项目和关联项目共同完成的运输服务的财务收益，同时将关联投资纳入项目财务费用；二是部分计算（按相应投资比例）拟建项目和关联项目共同完成的运输服务的收益，而不必考虑关联投资费用；三是当该项运输服务所产生的系统费用和效益对拟建项目的评价结论不会产生实质性影响时，也可以采取最保守的计算方法，忽略系统效益的计算，只计算拟建项目线路上产生的费用和相应的收益。无论采用哪种计算方法，都必须严格遵守费用效益一致性原则。

关联投资费用按相关运输服务占关联项目规划运量的比例承担，财务分析中拟建项目的关联投资费用（FRT）可用下式计算：

$$FRT = \sum_{l \in G} T_l \sum_k (M_{lk}^1 - NM_{lk}^1) \tag{32}$$

式中 M_{lk}^1——有项目时线路区段 l 上的项目运量，其中 k 表示运输对象的品类；

NM_{lk}^1——有项目时线路区段 l 上的正常运量，其中 k 表示运输对象的品类；

G——项目实体内拟建关联项目线路区段的集合；

T_l——关联项目线路区段 l 上的单位换算密度投资。T_l 可以通过以下步骤估算，首先通过项目投资获得各工程区段投资，如无具体区段投资数据，可近似根据长度分摊，再计算出年度化投资，最后根据年规划换算密度获得单位换算密度投资。

如果在某辅助性关联项目某区段存在正常运量，按正常运量的定义可知，无拟建项目时这些正常运量也必然存在，按有无对比原则，所以以上公式中已将正常运量剔除。

3. 流动资金。流动资金是指项目投产运营后占用并在生产运营中周转使用的资金。流动资金估算可采用扩大指标估算法或分项详细估算法，为简化计算，铁路建设项目流动资金的估算一般采用扩大指标估算法，各年度需要的流动资金，可根据本年度换算周转量乘以一定的比例系数确定。

运营第一年需要投入的流动资金为本年度流动资金需要额度减去铺底流动资金（如为负值视为零）；以后各年度投入的流动资金为本年度流动资金占用额减去上年度投入的流动资金再减去铺底流动资金（如为负值仍视为零）。

流动资金的筹集应按铁道部有关部门的最新规定执行，无相应规定时，可以按 30％自筹，70％由银行贷款，按年初借支考虑，支付的利息计入财务费用中。

4. 分年度投资计划。根据最后确定的项目融资方案、建设工期和施工计划，编制出分年度投资计划，并结合资金筹措以及资产形成编制财务分析辅助报表——分年度投资计划和资金筹措表（见表 9）。

表 9　分年度投资计划和资金筹措表

单位：人民币（万元），外币（万美元）

项　目		合计	建设期				运营期		
			合计	1	…	m	$m+1$	…	n
				20××年	20××年	20××年	20××年	20××年	20××年
1	土建工程投资								
	1.1 静态投资								
	1.2 动态投资								
	1.2.1 建设期贷款利息								
	1.2.2 涨价预留费								
2	机车车辆购置费								
	2.1 客运机车车辆购置费								
	2.1 货运机车车辆购置费								
3	流动资金								
	其中：铺底流动资金								
4	项目总投资								
5	资金筹措								
	5.1 资本金								
	5.1.1 国家财政拨款								
	5.1.2 铁路建设基金								
	5.1.3 其他企业自筹资金								
	5.2 贷款								
	5.2.1 政策银行贷款（开行）								
	5.2.2 商业银行贷款								
	其中：用于机车车辆购置								
	5.3 其他								

注：投资中如有外汇，在资金筹措相应栏目中增加“外汇”和“折合人民币”栏目。必要时可增加栏目，如合资铁路各投资方资本金数量及形式、不同类型贷款及债券等。

3.3.3　运营成本，是铁路建设项目最重要的财务费用之一，也是一项识别和计算比较复杂的费用。应严格按项目财务费用的基本概念并通过有无对比分析计算其增量。项目相关运输服务，有的是项目实体独立完成的（地方运量）；有的需要和相关运输企业联合完成（通过和交接运量），需要运用其他运输企业的运输资源，如线路、车站、机车、人员服务等，根据费用效益一致性原则，如果项目实体计列了该项运输服务的全部收入，需要向相关运输企业支付相应的费用，反之亦然。

铁路建设项目运营成本是项目实体有项目和无项目相比运营成本的增量。鉴于不少项目实体路网涉及范围很广（特别是以铁道部为项目实体的既有铁路更新改造项目），通过有无项目两种情况下项目实体运营总成本之差计算运营成本增量比较困难。

从严格意义上讲，应该按铁道部规定的清算办法，或相关运输企业达成的协议计算由项目实体和相关运输企业共同完成的运输服务的运营成本，但考虑到铁道部的清算办法比较复杂，并且经常修改，难以预测，缺乏可操作性。上述运营成本计算概念框架是按作业工作量来计算分摊运营成本的，符合铁道部制定清算办法的基本原则。

根据概念框架和以上有关章节中确定的相关基础数据与参数，可以利用下列公式计算项目运营成本：

$$\text{固定运营成本} = \sum_{l \in G} IFC_l \times D_l \tag{33}$$

式中 l——项目相关路网上的一段线路；

IFC_l——l 区段固定运营成本费率有无项目时的增量；

G——拟建项目工程线路区段的集合；

D_l——线路 l 的长度。

可变运营成本＝发到可变成本＋运行可变成本

发到可变成本＝货运发到可变成本＋客运发到可变成本

$$\text{货运发到可变成本} = \sum_{i \in E} OC_i^{\text{货}} IF_i^{\text{货}} + \sum_{j \in E} DC_j^{\text{货}} ID_j^{\text{货}} \tag{34}$$

式中 $OC_i^{\text{货}}$——与交通小区 i 相应的货物发送可变运营成本费率；

$DC_j^{\text{货}}$——与交通小区 j 相应的货物到达可变运营成本费率；

$IF_i^{\text{货}}$——由于项目实施导致的交通小区 i 货物发送作业增量；

$ID_j^{\text{货}}$——由于项目实施导致的交通小区 j 货物到达作业增量；

E——项目实体所属线路的集合。

注：发送和到达可变成本费率的取值均为发到可变成本的费率的 1/2，即假定货物在发送端和到达端的可变成本费率相同；下面计算客运发到可变成本的公式中也作类似假定，尽管旅客在到达车站接受的服务少于在发送车站接受的服务。

$$\text{客运发到可变成本} = \sum_{i \in E} OC_i^{\text{客}} IF_i^{\text{客}} + \sum_{j \in E} DC_j^{\text{客}} ID_j^{\text{客}} \tag{35}$$

式中 $OC_i^{\text{客}}$——与交通小区 i 相应的旅客发送可变运营成本费率；

$DC_j^{\text{客}}$——与交通小区 j 相应的旅客到达可变运营成本费率；

$IF_i^{\text{客}}$——由于项目实施导致的交通小区 i 旅客发送作业增量；

$ID_j^{\text{客}}$——由于项目实施导致的交通小区 j 旅客到达作业增量；

E——项目实体所属线路的集合。

运行可变成本＝货运运行可变成本＋客运运行可变成本

货运运行可变成本

$$=\sum_{l\in E}YC_l^{\text{货}}(D_l\sum_{k\in \text{货}}M_{lk}^1)-\sum_{g\in E}YC_g^{\text{货}}(D_g\sum_{g\in \text{货}}DM_{gk}^0)-\sum_{v\in E}YC_v^{\text{货}}(D_v\sum_{v\in \text{货}}NM_{vk}^0) \quad (36)$$

客运运行可变成本

$$=\sum_{l\in E}YC_l^{\text{客}}(D_l\sum_{k\in \text{客}}M_{lk}^1)-\sum_{g\in E}YC_g^{\text{客}}(D_g\sum_{g\in \text{客}}DM_{gk}^0)-\sum_{v\in E}YC_v^{\text{客}}(D_v\sum_{v\in \text{客}}NM_{vk}^0) \quad (37)$$

式中 l，g，v——项目相关路网上的一段线路；

k——第 k 类运输对象；

$YC_l^{\text{货}}$、$YC_g^{\text{货}}$、$YC_v^{\text{货}}$——在线路 l，g，v 上的包括中转作业在内货运运行可变成本费率；

$YC_l^{\text{客}}$、$YC_g^{\text{客}}$、$YC_v^{\text{客}}$——在线路 l，g，v 上的客运运行可变成本费率；

M_{lk}^1——有项目时第 k 类运输对象在线路 l 形成的运输密度；

DM_{gk}^0——无项目时第 k 类运输对象与转移运量相应的趋势在线路 g 形成的运输密度；

NM_{vk}^0——无项目时第 k 类运输对象与正常运量相应的趋势运量在线路 l 形成的运输密度；

D_l、D_g、D_v——线路 l，g，v 的长度；

E——项目实体所属线路的集合。

在以上可变运营成本计算公式中，只分客货两大品类，必要时可以分具体品名计算，计算公式与此类似。估算铁路建设项目的运营成本是财务分析的重点和难点，特别是对于运量涉及的范围大，运输对象品类繁杂的项目，计算工作量可能很大，估算时可根据项目及运输需求特点，评价要求和所能获得的数据资料等情况，在保证一定精度的前提下适当简化。例如，对于运输对象品类较分散的项目，可以只分客货两大品类计算可变成本；对于项目实体发到作业平衡且平均运距不是过长或过短的项目，可以通过测算吨·公里、人·公里综合可变运营成本费率来计算可变运营成本等。对于比较复杂的项目，为便于计算运营成本，可以编制运营成本测算表（见表 10）。

表 10 项目运营成本测算表

<table>
<tr><td colspan="2" rowspan="4">属性
区段</td><td rowspan="4">区段类型</td><td rowspan="4">区段长度</td><td colspan="4">货流密度</td><td colspan="4">客流密度</td><td colspan="3">运营成本费率</td><td colspan="6">运营成本</td></tr>
<tr><td rowspan="3">项目运量</td><td rowspan="3">项目周转量</td><td rowspan="3">无项目转移量</td><td rowspan="3">无项目转移周转量</td><td rowspan="3">项目运量</td><td rowspan="3">项目周转量</td><td rowspan="3">无项目转移量</td><td rowspan="3">无项目转移周转量</td><td colspan="2" rowspan="2">可变成本费率</td><td rowspan="3">固定成本费率增量</td><td colspan="4">可变成本</td><td rowspan="3">固定成本</td><td rowspan="3">合计</td></tr>
<tr><td colspan="3">运行成本</td><td rowspan="2">发到成本</td></tr>
<tr><td>客运</td><td>货运</td><td>客运</td><td>货运</td><td>合计</td></tr>
<tr><td rowspan="3">线名A</td><td>区段 1</td><td></td><td></td><td></td><td></td><td></td><td></td><td></td><td></td><td></td><td></td><td></td><td></td><td></td><td></td><td></td><td></td><td></td><td></td><td></td></tr>
<tr><td>区段 2</td><td></td><td></td><td></td><td></td><td></td><td></td><td></td><td></td><td></td><td></td><td></td><td></td><td></td><td></td><td></td><td></td><td></td><td></td><td></td></tr>
<tr><td>……</td><td></td><td></td><td></td><td></td><td></td><td></td><td></td><td></td><td></td><td></td><td></td><td></td><td></td><td></td><td></td><td></td><td></td><td></td><td></td></tr>
<tr><td rowspan="3">线名B</td><td>区段 1</td><td></td><td></td><td></td><td></td><td></td><td></td><td></td><td></td><td></td><td></td><td></td><td></td><td></td><td></td><td></td><td></td><td></td><td></td><td></td></tr>
<tr><td>区段 2</td><td></td><td></td><td></td><td></td><td></td><td></td><td></td><td></td><td></td><td></td><td></td><td></td><td></td><td></td><td></td><td></td><td></td><td></td><td></td></tr>
<tr><td>……</td><td></td><td></td><td></td><td></td><td></td><td></td><td></td><td></td><td></td><td></td><td></td><td></td><td></td><td></td><td></td><td></td><td></td><td></td><td></td></tr>
</table>

续表 10

属性 / 区段		区段类型	区段长度	货流密度				客流密度				运营成本费率			运营成本					
				项目运量	项目周转量	无项目转移量	无项目转移周转量	项目运量	项目周转量	无项目转移量	无项目转移周转量	可变成本费率		固定成本费率增量	可变成本				固定成本	合计
															运行成本			发到成本		
												客运	货运		客运	货运	合计			
…	区段 1																			
	区段 2																			
	……																			
合计		×		×		×		×		×		×	×	×						

注：1. 表中区段栏目只填写与财务分析有关的线路区段，即项目实体涉及的线路。

2. 表中栏目可根据项目具体需要调整，必要时可分主要客货品类制表。

3. 区段类型用以区分项目、关联项目、既有路网等。

4. 既有线改造项目线路区段，表格中铁路转移运量涉及栏目下应反映无项目的情况，即正常运量情况。

5. 若存在项目实体非独立完成的与项目有关的运输服务时，应在可变运营成本拦下增加清算成本栏目。

概念框架和以上计算公式适用于各种类型项目实体的铁路建设项目。通过有无对比可知，如项目实体为新建项目法人，或项目运量中既无正常运量而且转移运量无项目时也不经由项目实体所辖网络，则上述公式中的所有负号项均可以去除。

3.3.4 财务费用。财务费用主要包括运营期固定资产长期贷款、流动资金贷款和短期贷款利息以及汇兑净损益、手续费等其他费用。铁路建设项目财务分析时只考虑长短期贷款利息，其他部分可忽略不计。

本金和利息的支付均按年终考虑，计算公式如下：

$$还本前每年应付利息 = 借款本金或本息累计 \times 年利率 \quad (38)$$

采用等额偿还本金，利息照付时，偿还期内每年偿还等额本金，利息将随本金的逐年减少而减少。第 t 年需偿还的本息总额可用下式计算：

$$A_t=\frac{I_0}{n}+I_0\times\left(1-\frac{t-1}{n}\right)\times i \quad (39)$$

式中 I_0——建设期末借款本金或本金与利息之和；

i——年利率；

n——需要还清贷款的年数。

采用等额偿还本息总额时，偿还的本金、利息各年不等，偿还的本金部分逐年增多，支付的利息逐年减少。每年还本付息总额可用下式计算：

$$A=I_0\times\frac{i\times(1+i)^n}{(1+i)^n-1} \quad (40)$$

其中：每年支付利息 $=(I_0-本年前偿还本金累计)\times i$

$$每年偿还本金 = A - 当年支付利息$$

为便于计算铁路建设项目每年需要偿还的各种借款本金和利息，一般需要编制财务分析辅助表—借款还本付息估算表（见表11）。

表11　借款还本付息估算表　　单位：万元

项目		合计	建设期			运营期		
			1	…	m	$m+1$	…	n
			20××年	20××年	20××年	20××年	20××年	20××年
1	借款1							
1.1	年初借款本息累计							
1.2	本年应付利息							
1.3	本年还本付息							
1.3.1	还本							
1.3.2	付息							
1.4	年末本息余额							
2	借款2							
2.1	年初借款本息累计							
2.2	本年应付利息							
2.3	本年还本付息							
2.3.1	还本							
2.3.2	付息							
2.4	年末本息余额							
3	债券							
3.1	年初债务本息累计							
3.2	本年应付利息							
3.3	本年还本付息							
3.3.1	还本							
3.3.2	付息							
3.4	年末本息余额							
4	借款和债务合计							
4.1	年初借款和债务本息累计							
4.2	本年应付利息							
4.3	本年还本付息							
4.3.1	还本							
4.3.2	付息							
4.4	年末本息余额							

3.3.5 营业外净支出。铁路运输企业的营业外支出主要包括教育经费、防疫医疗经费、非常损失、赔偿金等开支。项目的营业外净支出，可按该年度有无项目换算周转量（万换算吨·公里）增量乘以营业外净支出定额（元/万换算吨·公里）计算。营业外净支出定额可参照全路统计资料与项目实体的具体情况，分析调整后确定。在分析调整时要充分考虑项目实体的具体情况以及铁路行业改革（政企分开、主辅分离、辅业改制等）对将来营业外净支出定额的影响。

3.3.7 土建工程形成的固定资产原值包括土建工程投资总额和建设期利息。运营期间有土建工程投资时，固定资产原值应在相应年度增加。土建工程形成的固定资产折旧费，理论上应根据国家规定进行分类计算，对经济寿命小于运营期的固定资产，应进行二次或多次投资更新固定资产；对于经济寿命大于运营期的固定资产余值进行回收。为简化计算，也可以根据在本章中上述有关部分说明的方法，通过测算项目固定资产综合折旧率计算项目各年度的折旧费。

机车车辆等移动设备的固定资产原值即建设期机车车辆购置费。运营期间分期增加的机车车辆等移动设备的购置费，应分期累加于相应的购置年度。折旧率按铁道部规定执行。机车车辆使用到寿命期后不再提取折旧，其残值作为现金流入予以回收。

为便于分析计算，铁路建设项目进行财务分析时，一般需要编制财务分析辅助表——固定资产折旧与其他资产摊销费估算表（见表12）。

表12　固定资产折旧与其他资产摊销费估算表　　单位：万元

序号	项　目	合计	建设期			运营期		
			1	…	m	$m+1$	…	n
			20××年	20××年	20××年	20××年	20××年	20××年
1	固定资产折旧费合计							
	固定资产回收残余值合计							
1.1	固定运输设施（土建工程）							
	原值							
	当期折旧							
	净值							
	回收残余值							
1.2	移动设备							
1.2.1	机车车辆							
	原值							
	当期折旧							
	净值							
	回收残余值							

续表 12

序号	项　　目	合计	建设期			运营期		
			1	…	m	$m+1$	…	n
			20××年	20××年	20××年	20××年	20××年	20××年
1.2.2	集装箱							
	原值							
	当期折旧							
	净值							
	回收残余值							
2	无形及其他资产摊销费合计							
2.1	无形资产							
	原值							
	当期摊销							
	净值							
2.2	其他资产							
	原值							
	当期摊销							
	净值							

注：必要时可增加栏目分别列出线路、桥涵、隧道、房屋建筑、通信信号等分类折旧费，如有特殊移动设备如动车组等可增加栏目单列。

项目总成本费用。按照铁路现行财会制度的规定，铁路运输总成本费用，称为铁路运输总支出。按评价要求划分为运营成本、固定资产折旧、无形与其他资产摊销、“财务费用”、营业外净支出等项目，财务分析时应分别一一进行分析计算。经过以上各项分项支出的计算，最后应编制出财务分析辅助表——总成本费用估算表（见表 13）。

表 13　总成本费用估算表　　单位：万元

序号	项　　目	合计	建设期			运营期		
			1	…	m	$m+1$	…	n
			20××年	20××年	20××年	20××年	20××年	20××年
1	运营成本							
	1.1 客运可变成本							
	1.2 货运可变成本							
	1.3 固定成本							

续表 13

序号	项目	合计	建设期			运营期		
			1	…	m	$m+1$	…	n
			20××年	20××年	20××年	20××年	20××年	20××年
2	折旧							
	2.1 土建工程折旧							
	2.2 机车车辆折旧							
	其中：2.2.1 客运机车车辆折旧							
	2.2.2 货运机车车辆折旧							
3	机车车辆租赁使用费							
	3.1 客运机车车辆租赁使用费							
	3.1 货运机车车辆租赁使用费							
4	无形及其他资产摊销费							
5	财务费用							
	5.1 长期贷款利息							
	5.2 短期贷款利息							
6	营业外净支出							
7	关联投资费用							
8	总成本费用							
	其中：8.1 总可变成本							
	8.2 总固定成本							
9	平均单位成本							
	9.1 平均单位可变成本							
	其中：9.1.1 平均客运单位可变成本							
	9.1.2 平均货运单位可变成本							
	9.2 平均单位固定成本							
10	平均单位运营成本							
	10.1 平均货运单位可变成本							
	10.2 平均客运单位可变成本							
	10.3 平均固定成本							

3.4 收益估算

3.4.2 运输收入。包括运输收入、运杂费收入和清算收入。

从严格意义上讲，应该按铁道部规定的清算办法，或相关运输企业达成的协议计算由项目实体和相关运输企业共同完成的运输服务的运输收入，但清算办法比较复杂，难以预测，如果客货运价率能充分反映运输成本（包括建设成本和运营成本），运输收入的分摊无疑将符合费用效益一致性原则。成本与收入相应一致也是铁道部制定清算办法的一条基本原则。

可以利用下列公式计算项目运输收入：

运输收入=货运收入+客运收入

货运收入=货运发到收入+货运运行收入

$$货运发到收入=0.5OP^{货}\times(IF^{货}+ID^{货}) \tag{41}$$

式中 $OP^{货}$——与拟建项目有关的货运综合发到运价率；

$IF^{货}$——有项目情况和无项目情况相比，项目实体增加的货物发送量；

$ID^{货}$——有项目情况和无项目情况相比，项目实体增加的货物到达量。

货运运行收入

$$=\sum_{l\in E}YP_l^{货}(D_l\sum_{k\in 货}M_{lk}^1)-\sum_{g\in E}YP_g^{货}(D_g\sum_{g\in 货}DM_{gk}^0)-\sum_{v\in E}YP_v^{货}(D_v\sum_{v\in 货}NM_{vk}^0) \tag{42}$$

旅客运输收入

$$=\sum_{l\in E}YP_l^{客}(D_l\sum_{k\in 客}M_{lk}^1)-\sum_{g\in E}YP_g^{客}(D_g\sum_{g\in 客}DM_{gk}^0)-\sum_{v\in E}YP_v^{客}(D_v\sum_{v\in 客}NM_{vk}^0) \tag{43}$$

式中 l、g、v——项目相关路网上的一段线路；

$YP_l^{货}$、$YP_g^{货}$、$YP_v^{货}$——在线路 l、g、v 上的货运运价率；

$YP_l^{客}$、$YP_g^{客}$、$YP_v^{客}$——在线路 l、g、v 上的客运运价率；

M_{lk}^1——有项目时第 k 类运输对象在线路 l 形成的运输密度；

DM_{gk}^0——无项目时第 k 类运输对象与转移运量相应的趋势在线路 g 形成的运输密度；

NM_{vk}^0——无项目时第 k 类运输对象与正常运量相应的趋势运量在线路 l 形成的运输密度；

D_l、D_g、D_v——线路 l、g、v 的长度；

E——项目实体所属线路的集合。

$$运杂费收入=(货运收入+客运收入)\times r \tag{44}$$

式中 r——行李、包裹、邮政和其他运杂费占客货收入的比值。可参照铁道部和项目所在地区相关铁路局的统计资料和项目的具体特点，经分析调整后确定。

在以上运输收入计算公式中，只分客货两大品类，必要时可以分具体品名计算，计算公式与此类似。

以上计算公式适用于各种类型项目实体的铁路建设项目，如项目实体为新建项目法人，或项目运量中既无正常运量而且转移运量无项目时也不经由项目实体所辖网络，则上述公式中的所有负号项可以去除。

对于运量涉及的范围大，运输对象品类繁杂，计算工作量很大的项目，估算时可根据项目的具体特点和评价要求以及所能获得的数据资料等情况，在保证一定精度的前提下适当简化。例如，对于运输对象品类较分散的项目，可以只分客货两大品类计算运输收入；对于项目实体发到作业平衡且平均运距不是过长或过短的项目，可以通过采用综合吨·公里运价率来计算项目的货运收入等。

对于比较复杂的项目，为便于计算项目运输收入，可以编制运输收入测算表（见表 14）。

表 14　项目运输收入测算表

区段 \ 属性		区段类型	区段长度	货流密度：项目运量	货流密度：项目周转量	货流密度：无项目转移量	货流密度：无项目转移周转量	客流密度：项目运量	客流密度：项目周转量	客流密度：无项目转移量	客流密度：无项目转移周转量	运价率：客运	运价率：货运	运输收入：客货运输收入：运行收入：客运	运输收入：客货运输收入：运行收入：货运	运输收入：客货运输收入：运行收入：合计	运输收入：客货运输收入：发到收入	运输收入：运杂费收入	运输收入：合计
线名A	区段 1																		
	区段 2																		
	……																		
线名B	区段 1																		
	区段 2																		
	……																		
…	区段 1																		
	区段 2																		
	……																		
合　计		×		×		×		×		×		×	×						

注：1. 表中区段栏目只填写与财务分析有关的线路区段，即项目实体涉及的线路；

2. 表中栏目可根据项目具体需要调整，必要时可分主要客货品类制表；

3. 区段类型用以区分项目、关联项目、既有路网等；

4. 既有线改造项目线路区段，表格中铁路转移运量涉及栏目下应反映无项目的情况。

3.4.3　资产残余值回收。包括固定运输设施资产回收残余值、移动设备资产回收残余值和流动资金回收。

1. 固定运输设施资产回收。铁路固定运输设施主要包括线路、桥涵、隧道、房屋建筑、通信信号等。根据国家相关规定，不同类型的运输设施有不同的经济寿命期并实行不同的折旧率和残值率。当采用分类折旧率计算项目折旧费时，对于经济寿命期短于和等于项目运营期的运输设施，其残值在寿命期最后一年回收并作为项目的收益；对于经济寿命期大于项目运营期的运输设施，提取折旧后的余值在计算期末年回收并作为项目的收益；

当采用综合折旧率计算项目的折旧费时，将项目固定资产提取折旧后的余值在运营期最后一年回收并作为项目的收益。除了建设期投资形成的土建工程固定资产以外，对于运营期投资形成的土建工程固定资产残余值也应计算在内。

2. 移动设备资产回收。铁路运输移动设备目前主要包括机车、动车组、货车、客车、集装箱等。这些设备的经济寿命期和铁路建设项目相比相对较短，需要在计算期内多次更新，财务分析时要注意残余值的计算。

3. 流动资金回收。各年度投入的流动资金在项目计算期末一次性收回作为项目收益。

经过以上收益的分类计算，编制出财务分析辅助表——项目收益及税费估算表（见表 15）。

表 15　项目收益及税费估算表　　　　单位：万元

项　　目	合计	建设期			运营期		
		1	…	m	$m+1$	…	n
		20××年	20××年	20××年	20××年	20××年	20××年
1. 项目总收益							
1.1 运输收入							
其中：1.1.1 客运收入							
其中：旅客类型 1							
旅客类型 2							
……							
1.1.2 货运收入							
其中：品名 1 收入							
品名 2 收入							
……							
1.1.3 运杂费收入							
1.1.4 与其他企业清算收入							
1.2 其他收入							
与其他运输企业清算收入							
其中：政府补贴							
……							
1.3 资产残余值回收							
其中：1.3.1 土建工程固定资产余值							
1.3.2 机车车辆余、残值							
1.3.3 回收流动资金							
2. 税金与附加							

3.5 分析内容与指标

3.5.1 铁路建设项目融资前财务分析应以动态指标为主，以运输收入、项目建设投资、运营成本和流动资金等主要收益和费用估算为基础，考察整个计算期内的现金流入和现金流出，编制项目投资现金流量表，计算项目投资内部收益率和净现值等动态指标。根据分析角度和要求不同，可计算所得税前指标和（或）所得税后指标。铁路建设项目融资前需要计算的静态指标主要是投资回收期，用以反映收回项目投资所需要的时间。

3.5.2 融资后财务分析一般包括盈利能力分析、偿债能力分析和生存能力分析。

财务生存能力分析应在财务分析辅助表和利润与利润分配表的基础上编制财务计划现金流量表，通过考察项目计算期内的投资、融资和经济活动所产生的各项现金流入流出，计算净现金流量和累计盈余资金，分析项目是否有足够的净现金流量维持正常运营，以实现财务可持续性。

财务可持续性应首先体现有足够大的经营活动净现金流量，其次各年累计盈余资金不应出现负值。若出现负值应进行短期借款，同时分析该短期借款的年份长短和数额大小，进一步判断项目财务生存能力。短期借款应体现在财务计划现金流量表中，其利息应计入财务费用中。为维持项目正常运营，还应分析短期借款的可靠性。

对于在一定时期内收入不足以补偿全部成本费用的铁路非经营性项目，要进行细致的收入成本补偿分析，收入补偿费用的顺序依次为人工、材料、燃料、动力等运输生产耗费、流转税、借款利息、计提折旧和偿还借款本金。如果项目在运营前期无法维持正常运营，应估算各年所需要的政府补贴数额，并分析政府提供补贴的可能和能力；或者提出解决问题的其他政策建议，同时分析所提政策建议实施的可能性。

3.5.3 某投资方的财务费用和财务收益系指该投资方为项目的实施，和无项目相比增加的财务支出和增加的财务收益。各投资方的财务费用之和不一定等于项目的全部财务费用，各投资方的财务收益之和也不一定等于项目的全部财务收益。如铁道部参股的合资铁路建设项目，铁道部除了为项目的建设投入资本金和从合资公司获取收益外，项目实施过程中还可能对其管辖的既有铁路网上的运输服务产生影响，与不实施项目相比，既有路网的财务支出和收益将发生变化，这些变化虽不属于项目的费用和效益，但都应计入作为投资方的铁道部对该项目投资所产生的财务费用和效益。

3.6 分析报表

铁路建设项目财务分析各种报表的设置以现行铁路财会制度为依据，同时应结合项目评价的特点和需要进行简化和整理。各分析报表在编制过程中要符合《企业会计制度》的规定、注意相关表格之间的关系并根据具体项目的需要适当增减栏目。

4 经济费用效益分析

4.1 目的和范围

4.1.1 铁路建设项目经济费用效益分析是铁路建设项目经济分析的核心内容。铁路建设项目经济费用效益分析从微观层面量化项目的各项经济效益和费用并将其货币化，通过分析比较判断项目的经济合理性。

铁路建设项目的经济费用是指由于项目的实施而导致增加的社会资源消耗，经济费用的计算应遵守机会成本原则；项目的经济效益是指由于项目的实施而增加的社会总福利，也被称为可供社会消费总量，铁路建设项目经济效益的计算应遵循支付意愿（WTP）原则或接受补偿原则。项目的净经济效益是指由于项目的实施而导致的可供社会消费总量的净增量。

4.1.2 财务分析时采用财务价格，经济分析时采用经济价格。

财务价格是项目实体为计算项目投入与产出采用的实际价格，财务价格通常表现为市场价格或政府管制价格；而经济价格是社会资源在最优配制、合理利用条件下的边际效益，又被称为影子价格、效率价格或计算价格。

在市场不发生扭曲，处于理想状态下时，商品或服务的供给价格、需求价格、市场价格是一致的，并等于经济价格，反映了商品或服务的真实价值。但如果由于政府干预、垄断或信息不对称等因素使市场发生扭曲，则相关商品和服务的市场价格也将发生扭曲，不再反映其真实价值。这时，必须根据发生扭曲的原因，调整市场价格为影子价格后，再计算项目投入产出所涉及的有关社会资源的经济价值。

一般铁路建设项目的经济效益大都可以归结为广义费用（Generalized Cost）节省，因此，分析计算运输项目经济效益的方法体系，通常是从不同的角度入手，直接和间接地计算这些广义费用的节省。在广义费用中，不仅包括一般意义上的运输生产成本，同时包括运输过程中的对消费者的时间耗费、旅客遭受的不适与不安全因素等不同意义上的资源费用。

4.2 基础数据和参数测算

4.2.2 与财务分析不同，铁路建设项目经济费用效益分析时需要涉及整个项目相关路网和与拟建项目有关的所有运输服务，包括有项目和无项目两种情况下各种有关运输方式和各种类型的运量。经济费用效益分析时，应对运量预测结果和形式进行分析整理，在内容和形式上使其满足经济费用效益分析的需要。

4.2.3 在经济分析中应采用影子价格计算各项投入物的经济价值。对于特大型铁路建设项目，不能忽略其对项目投入物和产出物（项目相关运输服务）市场供求价格影响时，应通过对特大型铁路建设项目的区域经济影响和宏观经济影响分析，将分析结果反映到项目经济费用和经济效益计算中，诸如投入物机会成本的提高，运输服务的消费者收入提高导致的时间价值提高，对各种改善运输服务指标的支付意愿的提高等。

1. 外贸货物的影子价格。外贸货物是指项目对某种产品作为投入物使用或作为产品生产，将直接或间接影响国家对这种货物进出口数量的货物。铁路建设项目涉及的外贸货物主要包括直接进口、间接进口和减少出口的项目投入物。

对于国内市场已经对外开放，没有过度的关税保护及其他非关税贸易壁垒限制，国际市场供求状况已明显影响国内市场价格的外贸货物，国内市场已能真实反映货物的经济价值。对于这类货物，以项目所在地区的实际国内市场价格减同类商品进口关税及增值税，作为货物的影子价格。

对于一些存在较高的关税保护或存在其他贸易壁垒的限制，国际市场供求状况难以影响国内市场价格的外贸货物，其影子价格以可能发生的到岸价格为基础，分直接进口、间接进口和减少出口三种情况确定。

1）直接进口货物（国外产品）的影子价格为进口到岸价格乘以影子汇率，加贸易费用和国内运输费用。

2）间接进口货物（项目使用国内产品，但挤占其他用户，使国家进口增加）的影子价格为进口到岸价格乘以影子汇率，加贸易费用和口岸到原用户的运输费用，减供应厂到原用户的运输费用及贸易费用，加供应厂到项目所在地的运输费用及贸易费用。当供应厂和原用户难以确定时，可以按到岸价格计算。

3）减少出口货物（项目的投入物为国内产品，但由于项目的使用使国家减少了该产品的出口）的影子价格为出口离岸价格乘以影子汇率，减贸易费用及供应厂到口岸的运输费用，加口岸到原用户的运输费用及贸易费用，加供应厂到项目所在地的运输费用及贸易费用。当供应厂难以确定时，可以按离岸价格计算。

上述计算影子价格的贸易费用，是指在流通领域用影子价格计算的流通费用，包括货物储运、再包装、短途运输、装卸、保险、检验等环节的费用支出，以及有关的损失、耗费及资金占用的机会成本。贸易费用一般用货物的出厂价或口岸价乘以贸易费率求出。计算公式为：

$$\text{进口货物的贸易费用}=\text{到岸价}\times\text{影子汇率}\times\text{贸易费率} \tag{45}$$

$$\begin{matrix}\text{出口货物的}\\\text{贸易费用}\end{matrix}=(\text{离岸价}\times\text{影子汇率}-\text{国内长途运费})\times\text{贸易费率}/(1+\text{贸易费率}) \tag{46}$$

$$\text{非外贸货物的贸易费用}=\text{出厂影子价格}\times\text{贸易费率} \tag{47}$$

贸易费率由项目评价人员根据项目所在地区商贸流通领域的具体特点及项目的实际情况自行测定。

2. 非外贸货物的影子价格。非外贸货物是指项目对某种货物作为投入物使用或作为产出物生产，将不影响国家对这种货物进出口数量的货物。主要包括一些诸如电力、铁路运输等“天然”非外贸货物，以及一些进出口在经济上不合理或受国家政策限制而不能进出口的货物。铁路建设项目使用的非外贸货物的影子价格，应根据市场情况，判断项目使用这种货物对市场产生的影响，分别采用不同的测算方法。

1）能通过原有企业挖潜（不增加投资）增加供应的，按可变成本分解确定影子价格。

2）在拟建项目计算期内需要增加投资扩大生产规模来满足拟建项目需要的，按全部成本（包括可变成本和固定成本）分解确定影子价格。

3）在拟建项目计算期内无法通过扩大生产规模增加供应的（减少原用户的供应量），

可参照国内市场价格和国家统一价格加可能的补贴（如有补贴时）中较高者确定影子价格。

3. 特殊物的影子价格。项目特殊投入物是指项目在建设、生产和运营中使用的劳动力、土地和自然资源等物品。项目使用这些特殊投入物所发生的经济费用，应分别采用下列方法计算其影子价格。

1）劳动力费用。劳动力作为一种资源被项目使用时，在经济费用效益分析时采用“影子工资”计算其费用。影子工资是项目使用劳动力付出的真正代价。由劳动力的机会成本和由于劳动力的转移而引起的新增资源耗费两部分构成。劳动力的机会成本是指项目的劳动力如果不用于拟建项目而用于其他生产运营活动所创造的最大效益，它与劳动力的技术熟练程度以及过剩和短缺程度有关，技术熟练和短缺程度越高，其机会成本越高，反之越低。新增资源耗费是指项目使用劳动力引起的劳动就业或迁移而增加的城市管理费用、城市交通和基础设施投资费用和搬迁费用。

2）土地影子价格。土地是一种重要的经济资源，铁路建设项目占用的土地无论是否需要实际支付财务成本，均应根据土地用途的机会成本或者消费者支付意愿的原则计算其影子价格。土地影子价格反映土地用于拟建项目而使社会放弃的效益和新增资源消耗。不同类型的土地影子价格差别很大。

A. 生产性土地，主要指农业、林业、牧业、渔业及其他生产性用地，按照这些生产用地未来可以提供的产出物效益及因改变土地用途而发生的新增资源消耗进行计算。即：

$$\text{土地的经济成本}=\text{土地机会成本}+\text{新增资源消耗} \quad (48)$$

其中，土地机会成本应按社会对这些生产用地未来可以提供的消费产品的支付意愿价格进行分析计算，一般按项目占用土地而损失的该土地“最佳可行替代用途”的净效益现值计算。

新增资源消耗部分应按照在有项目情况下土地的征用造成原有土地上附属物财产的损失即其他资源消耗来计算。

B. 非生产性用地，如住宅、休闲用地等，应按支付意愿原则，根据市场交易价格测算其影子价格。

3）自然资源的影子价格。各种有限自然资源也是一种特殊的投入物，一个项目使用了矿产资源、水资源、森林资源等，是对稀缺社会资源的占用和消耗。矿产等不可再生自然资源的影子价格按资源的机会成本计算，可再生自然资源按资源的再生费用计算。

4.2.4 社会折现率。社会折现率是指建设项目经济评价中衡量经济内部收益率的基准值，也是计算项目经济净现值的折旧率。

作为基准收益率，社会折现率的取值高低将直接影响项目经济可行性的判断结果。社会折现率若取值过低，将会使得一些经济效益不好的项目投资得以通过，经济评价不能起到应有的作用；社会折现率取值偏高，会使一些本来经济可行的项目达不到判别标准而被舍弃。国家制定发布统一的社会折现率，以利于统一评价标准，避免参数选择的随意性。铁路建设项目评价人员应充分理解社会折现率在项目经济评价中的作用，理解社会折现率取值对评价结果的影响，避免对评价结果的误导。

4.2.5 影子价格换算系数。影子价格换算系数用于测算项目投入物的经济价值。一般按机车车辆购置费、运营成本、流动资金、土建工程投资等分类测算。

1. 机车车辆购置费。机车车辆是铁路建设项目的重要投入物，合理确定其影子价格对项目的经济费用效益分析有很大影响。当前，铁路机车车辆的价格已走向市场，通过招标生产及定价，现行价格已基本上反映了自身的经济价值。因此，对于一般机车车辆产品，在经济费用效益分析中可直接使用，这时机车车辆购置费的影子价格换算系数取值为1。对于个别国内生产能力短缺或不能生产，需要进口的机车车辆产品，可参照外贸货物影子价格的测算方法确定，并按照其在全部机车车辆购置费中的比例调整机车车辆购置费影子价格换算系数。

2. 运营成本。运营成本影子价格调整系数应根据成本要素分类测算，根据以上章节介绍的各种投入物影子价格的测算方法与注意事项，对运营成本各要素的影子价格进行测算，最后通过加权平均测算出铁路运营成本的影子价格换算系数。除了测算铁路运营成本影子价格调整系数外，还需要测算与转移运量有关的运输方式运营成本影子价格换算系数，以便计算转移运量经济成本。

对于不需要自备机车车辆的铁路建设项目实体，机车车辆租赁费单列于运营成本，其影子价格换算系数可采用根据铁道部机车车辆构成测算的影子价格换算系数，也可以根据预期租赁的机车车辆的构成测算其影子价格换算系数。

3. 流动资金。因为流动资金主要用于运营周转，且占投资的比例很小，为简化计算，流动资金可不予调整。

4. 项目土建工程建设投资。项目土建工程建设投资应分类测算影子价格换算系数，必要时可以测算项目土建工程综合影子价格换算系数，并将其用于项目关联投资费用和运营期投资中的土建工程投资。

5. 影子汇率换算系数，是指影子汇率与外汇牌价之间的比值，对计算与外资贷款和进出口关系密切的铁路建设项目的经济费用和效益有重要影响。铁路建设项目评价采用的影子汇率换算系数应执行国家有关部门最新统一规定。

6. 影子工资换算系数，是指影子工资与财务分析中的劳动力工资之间的比值，是项目经济分析的重要参数。由于就业情况不同，不同地区的影子工资换算系数可能存在较大差异，应根据项目所影响地区的具体情况进行测算，并参考有关部门最新公布的取值范围确定。

4.2.6 相关运输设施技术经济属性。技术经济属性数据主要包括：运营成本费率、运价率、旅客平均占用空间、旅行速度等。

1. 客货运价率。铁路建设项目经济费用效益分析涉及全部项目相关路网，包括铁路、公路、民航、水运甚至管道线路。各种运输方式在完成与项目有关的运输任务时，向旅客和货主收取的运输费用与旅客类别和货物品名有关，必要时应分类测算相关路网各线路上的客货运价率。对于没有分类预测客货运量的铁路建设项目，可估算各线路上的综合客货运价率。

在项目财务分析中，如铁路货物运价是按发到基价和运行基价双运价率测算的，为便于和其他运输方式比较，经济费用效益分析时应将发到基价部分根据运距长度纳入到运行基价，形成综合吨·公里运价率。

必要时可以为一条铁路或公路各区段确定不同的运价率，但对于大多数铁路拟建项目，为简化起见，实际操作时如果各区段没有明显差别，即线路技术特性和通过的旅客或运输的货物类型结构无明显差别时，各区段可以采用相同的运价率。

2. 运营成本费率。凡是需要测算运价率的项目相关路网线路，同时也需要测算平均运营成本费率。和财务评价不同，经济分析中需要测算的是长期边际成本费率（不包括已列入项目投资的建设成本）。

3. 旅客平均占用空间。旅客平均占用空间是指在相应线路上运行的各种运输工具加权平均人均占用空间（计算方法和注意事项详见以下效益计算有关部分）。必要时需要估算同一运输方式或线路上不同类别运输工具的构成，以便加权测算人均占用空间。如铁路线路上预期运行的旅客列车上软卧、硬卧及硬座定员的构成；公路上应估算豪华大巴、普通公共汽车，甚至小轿车的构成等。

4. 平均旅行速度。在同一条线路上，各种运输工具的运行速度有很大差别，如铁路特快列车和普通慢车差别很大。当估算平均旅行速度时，应该参考旅客列车开行方案。公路需要参考线路上各种车型的比例或有代表性的车种。

旅行速度和运行速度不同，旅行速度包括运输工具在中途停留的时间，要结合铁路、公路、民航各自的特点（具体测算方法和注意事项见下面效益计算有关部分）。

4.2.7 价值参数。

1. 单位时间价值。单位时间价值按旅客单位时间价值和货物单位时间价值分别测算。旅客单位时间价值是指一名旅客在途旅行时间如果减少一小时的支付意愿。货物的单位时间价值是指单位重量货物，如一吨，提前送达一个单位时间，如一天或一小时，货主的支付意愿。单位时间价值参数用于铁路建设项目时间节省经济效益的计算。

2. 单位空间小时价值。旅客单位空间小时价值用于度量旅客在旅行中舒适度提高的效益，它的具体含义是，如果一名旅客在运载工具中所占据的空间增加一个单位，如 1 立方米，并在其间旅行停留一小时的支付意愿。

无论是旅客的单位时间价值，还是度量舒适度指标的旅客单位空间小时价值，都与旅客的收入水平密切相关。所以，当使用这些价值指标计算不同研究年度，如近期或者远期的相应经济效益时，应根据与研究年度相应的旅客收入水平测定这些价值指标。最简单易行的办法是：与旅客人均收入水平直接挂钩，用上一个研究年度的价值指标乘以旅客人均收入的增长率。可以用类似思路调整不同研究年度的环境影响评价指标。

4.3 效益的识别与计算

4.3.1 项目经济评价起源于西方发达国家，并在市场经济环境中完善与发展，其基本理论与概念均源于西方微观与宏观经济学。

1. 消费者剩余与生产者剩余。

消费者剩余（consumer surplus）。度量社会总福利或可供社会消费总量的标准是社会成员享受各种消费（物质文化生活）的支付意愿（willingness to pay）。支付意愿和实际支付不同，在理想的市场经济环境中，大部分消费者在消费各种商品和服务时，他们的支付意愿普遍高于他们的实际支付。消费者剩余被定义为消费者支付意愿和实际支付的差额。消费者的支付意愿与消费者的收入水平有关，因此在某些场合也被称为消费者承受能力，但从严格意义上说，消费者对某种商品或服务的支付意愿不但取决于收入水平，同时还与消费者偏好有关。

生产者剩余（consumer surplus）。从某种意义上说，几乎所有的社会成员既是消费者但同时又是生产者，他们无时无刻不在消费着各种各样的商品和服务，同时也在从事着各种经济活动以向社会提供各种商品和服务。在经济领域中所说的消费者和生产者，不只是指社会成员个体，同时也包括企业、公司、事业单位等各种经济与社会实体。例如，一个生产企业需要购买各种生产资料，这时它是作为一个消费者。然而，当它在生产产品并在市场上销售时，却是作为生产者。生产者创造了社会财富，同时也从中获取了收益。生产者剩余是指生产者为社会提供产品或服务中获得的实际收入减去生产成本。

图 4 展示了某商品在市场条件下，通过供求平衡产生消费者剩余和生产者剩余的情况。图中，纵坐标表示商品价格或生产成本，横坐标表示商品数量；曲线 D 表示该商品的需求曲线，也被称为边际效益曲线；曲线 S 表示该商品的供给曲线，也被称为长期边际成本曲线；两曲线的交点 E（供求平衡点）决定了该商品的市场价格 P_0 和消费数量 Q_0。图中由纵横坐标轴、供给和需求曲线以及平衡点与价格 P_0 点和数量 Q_0 点的连线交叉围成 A、B、C 三个图形。根据消费者剩余和生产者剩余的定义，A 图形的面积表示了该商品在消费过程中的消费者剩余，B 图形的面积表示了该商品在生产过程中的生产者剩余。如果需要计算该商品的消费者剩余和生产者剩余，必须首先确定需求函数和生产函数，然后通过积分算法求得。假定该商品的价格需求函数为 $D(q)$，生产函数为 $S(q)$，则该商品的消费者剩余 CS 和生产者剩余 PS 分别可通过下式计算：

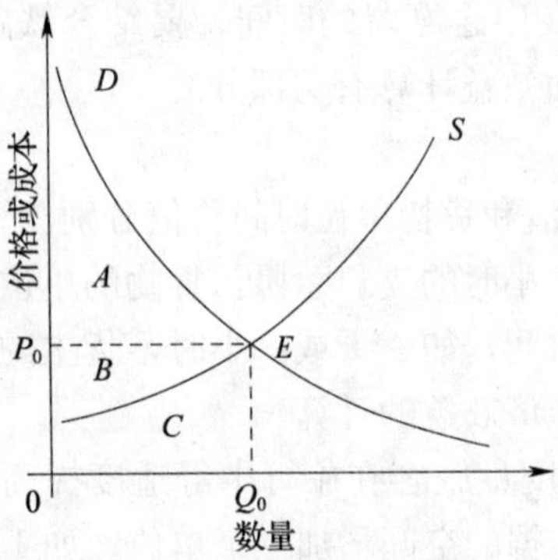

图 4　消费者剩余和生产者剩余示意图

$$CS = \int_0^{Q_0} D(q)\mathrm{d}q - P_0 \times Q_0 \tag{49}$$

$$PS = P_0 \times Q_0 - \int_0^{Q_0} S(q)\mathrm{d}q \tag{50}$$

上面第一个公式中包括两项，第一项表示消费者对数量为 Q_0 的该商品的总支付意愿，第二项为消费者实际支付，其差额即消费者剩余 CS；第二个公式中也包括两项，第一项表示生产者生产 Q_0 数量的该产品的总收入，第二项为生产成本，其差额即生产者剩余 PS。

2. 一个简单项目的经济费用与效益。

一个项目的净经济效益（net economic benefit）被定义为其对社会总福利或可供社会消费总量的净贡献，即有项目和无项目相比为社会总福利或可供社会消费总量带来的增量。它可以通过项目产出的毛经济效益（gross economic benefit）减去项目投入的经济费用获得。项目在实施过程中，包括建设和运营，一般都需要人、财、物的投入，同时也伴随着产品或服务的产出。项目的经济费用是指以机会成本度量的项目各项社会资源的投入，而项目的经济效益（毛效益）是指用消费者支付意愿（或影子价格）度量的项目产出的各项可供社会消费资源，包括产品或服务。

如果把图 4 所展示的产品或服务假定是该项目的全部产出，并且是一种没有替代并且以前也从未有过的全新产品或服务（这种项目几乎是不存在，仅为示范）。根据以上项目经济费用和效益定义，项目毛的经济效益就是图形 $A+B+C$ 的面积总和；项目的经济费用就是图形 C 的面积；项目的净经济效益就是（$A+B+C$）$-C=A+B$ 的面积，即消费者剩余＋生产者剩余。如果用 GEB 表示项目的毛经济效益，用 NEB 表示项目净的经济效益，用 EC 表示项目的经济费用，并仍然假定上述的需求函数和生产函数成立，则可用下面一组公式分别计算：

$$GEB=\int_{0}^{Q_0}D(q)\mathrm{d}q \tag{51}$$

$$EC=\int_{0}^{Q_0}S(q)\mathrm{d}q \tag{52}$$

$$NEB=\int_{0}^{Q_0}D(q)\mathrm{d}q-\int_{0}^{Q_0}S(q)\mathrm{d}q \tag{53}$$

以上说明和计算的是项目的直接经济费用和直接经济效益。大多数情况下，项目在实施过程中，包括建设和经营，可能对环境和其他社会成员及经济实体产生有利（效益）和不利（费用）的影响，如客货运输服务过程中的有害气体排放（费用），油菜种植项目可能为养蜂者带来更多的收益（效益）。这些经济费用或效益一般被称为间接费用或间接效益，也称作外部费用和外部效益。在项目经济分析过程中，对那些举足轻重、不能忽略的间接费用和间接效益，在铁路建设项目经济分析中应予以考虑。

实际经济生活中绝大多数项目的实施是为了增加既有产品或服务的数量或提高既有产品或服务的质量，项目的实施将使原有的市场供给曲线，甚至需求曲线（对于大型，特别是特大型项目）的位置和形状发生变化，从而导致该项目产品或服务的总消费者剩余和总生产者剩余发生变化，从而产生消费者剩余和生产者剩余增量，这种增量就是该项目的净经济效益。

3. 铁路建设项目效益概念框架。

铁路建设项目和一般工业项目有很大区别，其中非常重要的一点体现在项目产出上。铁路建设项目的产出是客货运输服务，其结果是人和物的位移。不同的起讫点、不同的运输对象、不同的运输方式和径路，甚至同一运输方式的同一运输径路的不同的运输设备（如铁路线路上的动车组和普通旅客列车）构成不同的运输服务。在实际的经济生活中，运输产品的浩繁复杂程度，没有任何行业可以比拟。因此，在铁路建设项目经济分析中不可能对实际的交通运输服务一一进行分析计算。

为了解决上述问题，本《铁路项目方法与参数》已经在“运输需求预测”一章通过对交通源（Origin and Destination）和运输对象归并定义了铁路建设项目有关运输产品的基本概念。为说明铁路建设项目经济费用和效益的概念框架，将其要点归纳如下：

1）根据项目和运输需求特点，将项目有可能涉及的实际交通源归并为若干个既具可操作性，费用效益失真程度又可接受的交通小区（traffic zones）。按同样原则，将实际的运输对象归并为几个种类的运输对象。

2）将归并后的一种运输对象在同一 OD（即发送交通小区和到达交通小区）之间的所有运输服务视为同一种运输“产品”，构成一个独立的交通运输市场。

3）同一运输产品可能由若干种不同类型的运输服务构成，包括不同运输方式（如公路、水运、民航等）、同一运输方式的不同运输径路、同一运输径路中的不同运输形式（如不同运输设备）等。各种不同的运输服务具有不同的服务特性，如耗费时间不同、旅客舒适程度不同、货物破损程度不同等，它们表征了运输产品的不同质量。运输服务的消费者可以通过交通运输市场进行选择。

4）同一运输产品不同类型的运输服务具有不同的广义费用，各种运输服务的广义费用取决于它的运输服务特性。一种运输产品的综合广义运输费用可采用特定的数学模型（见需求预测部分）利用它所包含的各种运输服务的广义费用求出。

5）OD之间的综合广义费用反映了OD之间的运输通达性，也可以看成一种运输阻抗，它就像一般商品的价格的作用一样，对OD之间的运输需求产生影响。

任何铁路建设项目的建设目的不外乎是为了扩充或改造若干个与之相关的OD交通小区之间的铁路基础设施、运输设备或其他运输资源，从而改善其间的运输服务特性，降低综合广义运输费用，增强其通达性。从严格意义上讲，几乎所有的铁路建设项目所涉及交通运输市场（特定运输对象和特定OD交通小区之间的运输服务），在无项目情况下都存在既有运输市场，和无项目情况相比，项目所提供的运输服务是在既有运输市场基础上的边际运输服务。

图5“铁路建设项目费用效益概念框架图”展示了一般铁路建设项目通过特定交通运输市场（特定运输对象在特定OD之间）产生经济费用和效益的情况。以下是对各图形元素及其所表达的经济含义说明：

——纵轴表示广义运输费用，它既可以度量运输服务的消费者为享受运输服务所付出的一切代价，也可以度量运输服务的生产者为提供运输服务所耗费的一切社会资源的代价。相当于一般商品市场中的消费价格或生产成本。

——横轴表示运输需求或运量。

——D表示运输需求曲线。

——S_{WO}表示无项目时运输服务供给曲线。

——S_W表示有项目时运输服务供给曲线。

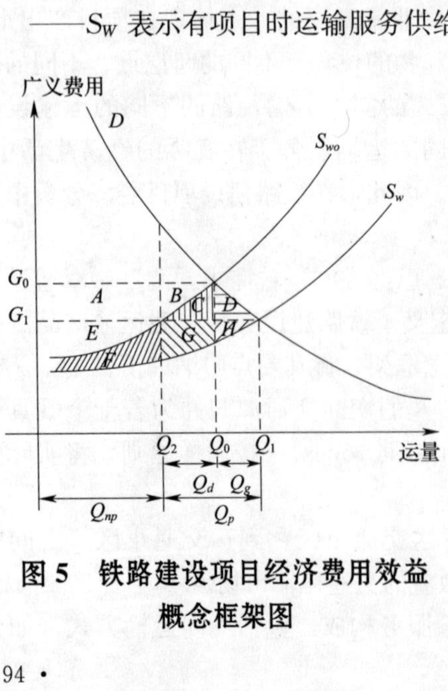

图5　铁路建设项目经济费用效益概念框架图

——纵坐标G_0表示无项目时所有运输服务的综合广义运输费用。

——纵坐标G_1表示有项目时所有运输服务的综合广义运输费用。

——横坐标Q_0表示无项目时运输需求总量。

——横坐标Q_1表示有项目时运输需求总量。

——线段Q_d的长度表示项目运量中的替代型运量（非新增运输需求，包括转移运量和正常运量）。

——线段Q_g的长度表示项目运量中的诱发运量（新增运输需求）。

——线段Q_p的长度等于Q_d+Q_g表示项目运量（涉及项目资产的运输服务）。

——线段Q_{np}的长度表示非项目运量，即剩余运量。

如图 5 所示，由各曲线、连接线及纵横坐标轴交叉围成 A、B、C、D、E、F、G、H 八个几何图形，它们的面积或它们的组合面积均表示一定的经济含义，现表述如下：

$$ICS = \int_0^{Q_1} D(q)\mathrm{d}q - G_1Q_1 - \left[\int_0^{Q_0} D(q)\mathrm{d}q - G_0Q_0\right] = A + B + C + D \quad (54)$$

其中，ICS 代表消费者剩余增量。

由计算结果可知，A、B、C、D 的面积之和表示由于项目的实施导致的运输服务的消费者剩余的增量。

$$\begin{aligned} IPS &= G_1Q_1 - \int_0^{Q_1} S_W(q)\mathrm{d}q - \left[G_0Q_0 - \int_0^{Q_0} S_{WO}(q)\mathrm{d}q\right] \\ &= (F + G + H + E) - (A + B + E) \end{aligned} \quad (55)$$

其中，IPS 代表生产者剩余增量。

通过分析计算公式可知，计算结果 F、G、H 的面积之和减去 A 的面积再减去 B 的面积表示由于项目的实施导致的在该交通运输市场生产者剩余的增量。

项目的净经济效益 NB 等于由于项目实施而导致的消费者剩余增量和生产者剩余增量之和，等于图 5 中阴影部分的面积，即：

$$NB = ICS + IPS = (A + B + C + D) + (F + G + H - A - B) = D + H + C + G + F \quad (56)$$

可以把图中阴影部分表示的项目净经济效益分成三部分，第一部分为 $D+H$，源自项目诱发运量，D 表现为诱发运量的消费者剩余，H 表现为诱发运量的生产者剩余；第二部分为 $C+G$，源自项目转移运量和正常运量，表现为社会资源（各种广义费用）的节省；第三部分 F 源自剩余运量，表现为剩余运量广义费用的节省。其中转移运量、正常运量和剩余运量都不是项目新增运输服务，只是与无项目情况相比，改善了运输服务特性，节省了社会资源。诱发、转移运量和正常运量产生的经济效益既受益于消费者，也受益于生产者，属于项目的直接效益；剩余运量产生的费用节省效益不属于项目产出的供求双方，属于间接效益。

图 5 中的所有曲线、坐标、图形的面积和相互之间比例的关系都是示意性的，仅为说明铁路建设项目的经济费用和效益概念框架，和实际的铁路建设项目没有直接联系。实际的铁路建设项目特点不同，所处的经济环境与背景不同，与其相关的综合交通网分布不同，运输需求的特点不同。因此，项目所涉及的各交通运输市场运输需求和供给曲线的位置与形状各异；转移、诱发和剩余运量的构成也有很大差异，它们所形成的经济效益的大小与相互之间的比例关系也有很大差别。

图 5 展示的是一个具有一般规模的普通铁路建设项目的费用效益形成情况，即可以忽略项目对项目产出品市场需求特性的影响。也就是说，有项目和无项目两种情况下，项目相关交通运输市场具有相同的需求曲线。实际上，不少铁路建设项目规模巨大，项目对相关地区经济甚至对整个国民经济有重大影响。项目的实施可能促使一些相关地区的经济规模扩大。这时，项目诱发运量的产生将不仅仅源于 OD 交通小区之间广义费用的降低，而同时也源于 O 交通小区或（和）D 交通小区经济规模的扩大。既有项目和无项目情况有两条不同的需求曲线，而且有项目需求曲线远离无项目需求曲线并处于无项目需求曲线的右上方，说明项目影响区域人民收入水平提高，对项目产出的支付意愿水平提高，

即对应于时间价值提高、舒适度评价指标提高等。评价人员在计算相关效益时要考虑这些影响。

图5所展示的是在完全竞争市场环境下发生的情况，国家的干预将引起需求曲线或供给曲线发生移动，使市场价格偏离供给价格和需求价格。但铁路建设项目经济费用和效益识别与计算的基本概念框架不会改变，只是计算这些费用和效益时使用的不是均衡市场的市场价格，而是经过调整后的影子价格。

在以上理论框架中，计算转移运量的运输成本的节省效益时，运量转移前后的运输成本应采用包括建设投资在内的长期边际成本，即运量转移前应包括所谓的避免投资，运量转移后应包括项目投资建设成本。但在传统的项目经济费用效益分析中，通常把项目投资单列作为项目经济费用；把不实施项目避免的投资单列作为项目的效益。所以在这种情况下，计算转移运量的运营成本节省效益时，应当使用不包括项目投资和避免投资的长期边际成本。

任何铁路建设项目的实施，归根结底，主要是为了改善若干项目有关地区之间的运输服务特性，包括扩大运输能力、提高运输服务质量、降低运输费用等，以便更有效地满足广大消费者在数量和质量上日益增长的运输需求。项目的经济效益是在满足运输需求的过程中产生的，包括直接效益和间接效益。

直接效益源于项目的投入与产出，分布于项目产出（运输服务）的生产者和消费者。直接效益的净值等于项目导致的生产者剩余增量＋消费者剩余增量。间接效益是指在项目实施（包括建设和运营）过程中对除了生产者和消费者以外的第三方的影响效益（或费用）。所以也被称作外部效益（或费用）。

4.3.3 直接效益。任何铁路建设项目的实施，都会不同程度地改善项目沿线及相关地区之间的交通运输条件，降低有关运输服务的广义费用，从而产生正常运量并诱发新的运量。同时也会不同程度地将其他运输方式或铁路不同运输径路上的部分运量转移过来，产生转移运量。所以，对于铁路建设项目而言，其直接效益就是项目转移运量、正常运量和诱发运量通过交通运输市场产生并分布于这些运输服务的生产者和消费者的经济效益。

4.3.4 转移运量和正常运量产生的直接效益。

运量在不同运输方式之间或同一运输方式不同运输径路间转移，旅客和货主可能为此增加或减少运费的支付，但这些费用的增加或减少，并不产生项目的经济费用或经济效益，因为这只不过是在不同运输服务生产者之间的转移支付。

正常运量在项目实施后虽然经由线路不发生变化，但运输服务特性却因项目的实施发生了明显变化，在计算以上各种效益时和转移运量没有本质的差异，可比照转移运量的方法和步骤进行计算。

1. 旅客时间节省效益。计算旅客时间节省收益时需要估算旅客节省时间和旅客单位时间价值。

1）旅客节省时间的估算。因为不同类型的旅客的时间价值不同，估算旅客时间节省时需要先对转移运量中的旅客分类，然后再对各类旅客有无项目所花费的旅行时间进行估算，最后通过比较计算出各类旅客的时间节省。旅客所花费的旅行时间应从旅客原始出发点到最终目的地。一般铁路建设项目中的旅客转移运量，多为中长距离，无论乘坐哪种运输方式，一般都要经过步行、市内公共交通，再转由不同运输方式作中长途旅行。到达火车站、机场、水运码头或长途汽车站后，需要经历和出发时同样的过程。

计算出发端和到达端所耗费的时间是一项比较复杂的工作，如果转移运量转移前后在出发端和到达端所花费的时间差异和运行时间相比微不足道时，可忽略两端时间的比较。例如，大部分长途公交车站都与铁路车站毗邻，在这种情况下的公路转移运量在转移前后两端的时间耗费差别不大，可只比较旅客乘车时间的节省。但对于由民航转移的旅客，一般必须考虑出发端和到达端，包括在机场办理手续、安检等登机前所花费的时间。

对于某种转移运量平均每位旅客时间节省可通过以下公式计算：

$$T_{ij,m}=\sum_{l\in P_m^0}T_{ij,m,l}-\sum_{l\in P_m^1}T_{ij,m,l} \tag{57}$$

式中 $T_{ij,m}$——在交通小区 i 到交通小区 j 之间第 m 种转移运量每名旅客平均节省的时间，m 表示的种类包括不同运输方式之间的转移，同一运输方式不同运输径路之间的转移，同径路旅行速度不同的“转移”等；

$T_{ij,m,l}$——在交通小区 i 到交通小区 j 之间第 m 种转移运量每名旅客在连接线 l 上花费的时间；

l——径路 P_m^0 或径路 P_m^1 的一段广义连接线，它既可以表示径路中的实际线路，如铁路线路、公路线路、航空线路等，也可以把旅客换乘等候看作特殊的 l，等候时间就是在 l 上花费的时间；

P_m^0——无项目时，转移运量 m 经由的路径连接线的集合；

P_m^1——有项目时，转移运量 m 经由的路径连接线的集合。

对于某种转移运量来说，时间节省不排除可能是负值，例如民航转移旅客的时间节省。这部分旅客转移的原因不仅仅是因为花费时间的多少，可能还考虑了票价、舒适、安全甚至个人偏好等综合因素。从社会角度看，虽然这部分旅客时间节省效益为负值，但运输成本的节省、舒适度提高等其他方面的效益可能远远大于这种时间节省方面的负效益。从理论上讲，任何种类的转移运量的综合广义费用节省应表现为正效益，因为所有消费者选择运输方式的基本准则是广义费用最小。

2）旅客单位时间价值的估算。从理论上讲，旅客的单位时间价值应按旅客对节省时间的支付意愿进行估算。调查不同类型旅客对时间的支付意愿，需要花费大量人力物力。在不具备上述条件时，对因工出行旅客的时间价值可以按雇主成本计算。雇主成本主要包括所付工资报酬、社会保险、医疗保险和其他福利。

每小时的时间价值 VOH 可按下式计算：

$$VOH=\frac{(\text{年工资报酬}+\text{医疗保险额}+\text{社会保险额}+\text{其他福利费})}{[\ (365\times5/7-11)\ \times8]} \tag{58}$$

公式中的数字 365、7、5、8 和 11 分别表示每年 365 天、每周 7 天、每周 5 个工作日、每个工作日 8 小时工作制和每年 11 天法定假期。公式中没有反应最新公布的带薪休假规定，所以，实际的时间价值应略高于公式计算值。

从上式可知，旅客的单位时间价值与旅客的收入水平密切相关。因此，各研究年度的时间价值不应采用相同的数值。当计算某研究年度旅客时间节省效益时，应采用与该研究年度旅客收入水平相应的时间价值。

一般非因工出行的旅客的时间价值应低于因工出行旅客的时间价值。在非因工出行的旅客中，休闲旅行的旅客时间价值较高，而赶赴和离校的学生以及走亲串友的旅客时间价值较低。根据一些国际专家估计，非因工出行旅客的单位时间价值，可根据非因工出行旅客的构成情况按因工出行旅客时间价值的30%～50%进行计算。

不同铁路建设项目涉及的地区与旅客类型不同，同一铁路建设项目，特别是大型铁路建设项目涉及的区域很广，旅客类型差异较大。必要时应分别估算不同区域、不同类型旅客的时间价值，并用于时间节省效益的计算。

2. 货物运送时间节省效益。计算货物运送时间节省效益时需要估算货物送达时间节省值和货物单位时间价值。

1）货物送达时间节省估算。货物送达所花费的时间应从货物原始装车地到最终卸车地。在货物运输中公路具有门到门的优势，计算时间节省时应予以考虑。铁路运输部门不应仅根据列车平均旅行速度计算时间，除具有专用线的大型工矿企业间组织的直达列车外，都需要考虑除列车运行时间以外的附加时间，包括车辆集结等待与中转解编时间、没有专用线的货主在发站和到站以外汽车倒运时间等。其他运输方式也要根据实际情况反映货物真实的全程运送时间。先根据项目相关路网有关区段的运载工具旅行速度、区段长度等计算各类货物有项目和无项目两种情况下所花费的运送时间，再通过比较计算出各类货物的时间节省。

2）货物单位时间价值的估算。货物运输节约的时间价值理论上应反映货主对货物运输节约时间的支付意愿，即节约时间资源的边际效益。由于实施货主对货物运送时间节省支付意愿的调查非常困难，实际操作时可以用运输货物的影子价格乘以社会折现率作为单位运输货物的年时间价值，再除以一年的小时数可得到单位货物每小时的时间价值。这等同于将货物运送延误时间的价值转换为货物占用资金的机会成本。在特殊情况下，所运输的货物影子价格特别高，应采用较高的单位时间价值。例如，抢险救灾物资的运输时间节省单位效益，应远远大于运输其他货物时间节省单位效益。

计算铁路建设项目货物时间节省效益时，要特别慎重，实事求是，做到客观可信。一是计算时间节省时不能仅考虑运载工具在线路上的运行时间，要全程比较货物始运点到货物终到点所耗费的时间，诸如铁路运输的车辆集结和在中途的解编时间。铁路运输的优势是大宗货物的长距离运输，而不是送达速度，除个别特殊铁路建设项目外，大多数情况下，项目的实施不产生货物节省时间效益或微不足道。二是要研究分析所运送的货物是否短缺急用，对于非短缺急用物资的提前送达，没有多少实际意义。不过，随着铁路货物快运专列不断推出以及公路运输拥挤程度的不断加剧，对于一些确实存在较多货物运送时间节省的铁路建设项目，诸如包含大量单位直达列车运输的项目，应该实事求是的计算货物时间节省效益。

3. 运营成本节省效益。在计算铁路建设项目转移运量运营成本节省效益时，首先分别计算各种转移运量在无项目和有项目两种情况下，在项目相关路网上预期发生的财务运营成本，然后再将计算的财务运营成本通过影子价格转换系数转换为经济成本，最后计算差值得出项目运营成本节省效益。

4. 旅客舒适度提高效益。把舒适的旅客运输环境也视为一种可供社会消费资源，基于这样的理念，舒适是所有社会成员在享受物质和精神生活中一种基本诉求，他们愿意为舒适而买单，是可以以支付意愿度量的可供社会消费总量的一部分。因此，舒适的运输环境是社会的一种资源，舒适度的提高可通过消费者的支付意愿计入项目的经济效益。相反，如果一个项目的实施，使消费者变得更不舒适即增加了痛苦与不便，将被视为项目的费用。所以，如果一个铁路建设项目使旅客从相对不舒适的运输服务转移到相对舒适的运输服务，使不舒适的程度降低了（相当于舒适程度提高了）可以看作是一种特殊的广义费用节省效益。

在交通运输项目费用效益分析中，旅客舒适程度提高的效益是非常难以量化的效益，在国内外有关文献中，很少涉及定量计算方法。因此，经济费用效益分析时往往因无法计算而忽略。但提高旅客舒适度确实是很多铁路建设项目的重要效益，也是大量旅客向铁路转移的主要原因，不应因为计算困难而忽略。

影响旅客舒适程度的因素很多，如车内噪声、运行中的颠簸程度、车内温度及通风、长途旅行中的餐饮及卫生间条件、适当的身体放松活动条件等。以上很多问题的解决受限于运输工具（汽车、火车、轮船和飞机等）的人均占用空间。人均占用空间较大的运输工具，一方面可以直接为旅客提供一个自由活动的空间，同时还可以通过设置卧铺、餐车、厕所、安装空调、行李专用车等为旅客提供舒适方便的环境。本《铁路项目方法与参数》尝试运用“运输工具人均占用空间”（以下简称人均空间）来近似估算旅客舒适方便程度提高的效益。并希望国内外专家积极开展这方面的研究，使旅客舒适程度提高效益的计算方法尽快趋于完善。

1）人均占用空间的估算。计算各种运输方式旅客平均占用空间应掌握的原则是，凡是运输工具上方便旅客旅行的设施都应包括在内，如铁路旅客列车应包括行李车和餐车，但不应包括邮政车，在各车厢中应包括厕所但不应包括列车员乘务室和列车工作人员宿营铺位占用空间等。计算人均占用空间时，首先计算各运输方式运载工具的旅客占用总空间，然后再除以运载工具总乘客定员求出人均空间。当某种运输方式使用多种类型运载工具时，应加权平均计算人均空间。人均空间可以用每人立方米（m^3/人）表示。

人均空间小时。旅客旅行在狭小的空间中滞留的时间越长，遭受的痛苦越多，相应的广义费用也应越高。因此，旅客舒适程度广义费用不但与人均空间有关，而且与在其中的滞留时间有关。定义人均空间小时为计量旅客舒适的计量单位，它的含义是一名旅客在1立方米空间中旅行滞留一小时，可以用（$h \cdot m^3$/人）表示。

2）单位时间舒适度广义费用估算。与旅客单位时间价值不同，与舒适度相应的广义费用与人均占用空间之间的关系并非是线性的，当旅客在非常拥挤的状态下，对空间的增大特别敏感，当人均占用空间大到一定程度后，再增加空间旅客可能就感觉无所谓了，即人均占用空间的边际效益呈递减趋势。如目前中国铁路为旅客提供了一人一间的软席豪华单间旅行服务，室内有软席床铺、浴室、厕所、电视、餐桌及餐饮室内服务等，空间宽广舒适方便。在这种条件下，可以假定有关不舒适的广义费用接近为零，再增加空间没有更多的意义。当空间非常狭小时广义费用会很高，如公共汽车在严重超员时，旅客常常因拥挤无法下车，这时旅客宁愿为拥挤的缓解付较高的费用。另外，同样的人均占用空间，不同的运输方式，或者更确切地说不同的运载工具，单位小时的有关舒适的广义费用也有差异，主要是与舒适相关的其他因素造成的，如车内（机内、船内）噪声、颠簸程度、温度通风控制、服务质量等。可以用一个附加的综合系数加以调整。根据以上所述，以下公式表示各种运输工具每小时有关舒适度方面的广义费用：

$$V_i = E/(SP_i)^{\beta} + \alpha_i \quad (59)$$

式中 V_i——第 i 种运输工具在某特定路段上行驶时单位小时舒适度评价；

SP_i——第 i 种运输工具人均单位空间；

E——需要标定的占用空间与费用之间的转换系数；

α_i——第 i 种运输工具单位空间以外其他舒适因素综合附加调整系数，越不舒适系数越高；

β——待标定系数，取决于函数曲线形状。

从上式可以看出，各运输工具的单位空间小时的价值和人均空间小时不是线性关系，图 6 形象地说明了人均占用空间和其相应的广义费用之间的关系。需要说明，图中曲线只是示意，既不实际反映各种运输方式的人均占用空间大小，也不实际反映人均占用空间以外的舒适度广义费用附加系数。

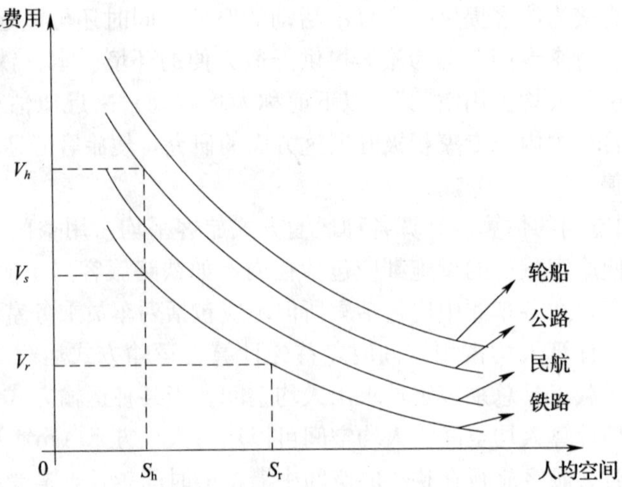

图 6　各运输工具小时舒适度广义费用示意图

图 6 并非表示经过标定的各运输方式单位小时舒适度广义费用曲线，只是根据公式进行的图形说明。各运输工具旅客占用单位空间和相应的广义费用之间的关系曲线具有相同的形状，曲线的弯曲程度取决于系数 β，各曲线之间的平行距离取决于 α_i。

图 6 中还显示了公路转移运量舒适度广义费用降低的情况，假定公路转移运量转移到铁路后，人均单位空间从 S_h 提高到 S_r，从图中可以看出，单位时间的广义费用将从 V_h 降低到 V_r，广义费用降低幅度为 $V_h - V_r$。其中由于单位空间变化引起的广义费用降低为 $V_s - V_r$，其他有关舒适度方面因素引起的广义费用降低为 $V_h - V_s$。

3）关于计算舒适度提高效益的建议。

虽然以上介绍了尝试计算铁路建设项目的舒适度提高的经济效益的方法和思路，也相信很多经济工作者承认铁路建设项目确实存在不可忽视的舒适度提高效益。但是，照此方法计算最大的困难是如何标定计算公式中的参数，特别是除占用空间以外的影响舒适的因素所产生的广义费用的标定，根据支付意愿原则需要做大量旅客的抽样调查，甚至需要执行一项专题研究，在短时间内难以做到。为此，建议在时间不允许的情况下，根据保守计算原则做以下简化处理：

A. 因为在颠簸、车内噪声、通风控制、餐饮和卫生条件等方面铁路运输方式都具有优势，在参数获得困难的条件下，可以忽略这些因素产生的舒适度提高效益。这样只会低估项目效益，符合保守计算原则。但在特殊情况下，确实不能忽略这些因素时，作为个案处理，通过专门调查，甚至采用专家估算方法另行计算。例如，兰州至重庆铁路建设项目从相邻盘山的“212”国道和有关省道转移的旅客，旅客在这些山区公路旅行中由于难以忍受的颠簸所遭受的痛苦和预期建设的高等级的兰州重庆铁路舒适的旅行实在难以比拟，这种舒适度提高的效益（由于消除严重颠簸产生的效益）必须计算，因为旅客愿意为消除这种难以忍受的颠簸支付较高的费用。

B. 忽略上述因素后，各运输方式舒适度的比较只与旅客人均占用空间有关，但与其对应的广义费用呈非线性关系，系数标定仍然比较困难。建议通过铁路各种席位的人均占用空间和相应票价，经过适当的调整获得分阶段的线性函数关系，然后据此计算不同人均空间相应的广义费用。计算思路如下：

将铁路豪华单人间认定为广义费用为零，并测算其人均占用空间，分析在现行票价下是否有短缺现象，如有短缺现象，可用市场价（黑市价）取代现行价；然后计算双人豪华间的人均占用空间，同样分析在现行票价下是否有短缺现象，如有，用市场价格代替现行价格；依次类推，分别计算分析软席卧铺、硬席卧铺、硬座，确定相应的人均占用空间和市场价格。然后，经过一系列计算，计算出一位旅客单位时间，在不同席别的单位空间的广义费用。可画出以下折线图（图 7）来近似代替以上公式中给出的曲线来计算不同人均占用空间的广义费用。

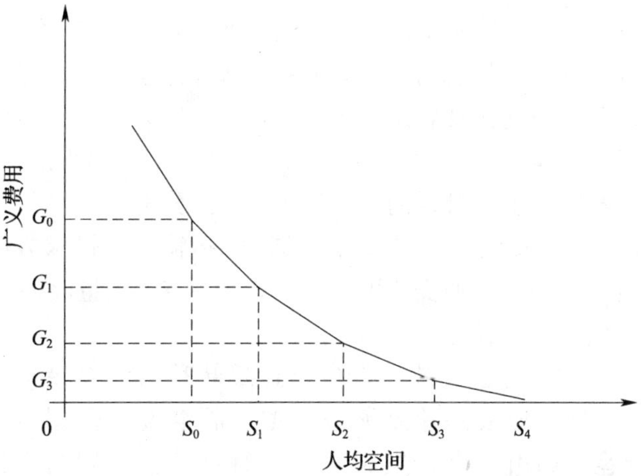

图 7　单位空间与人均占用空间近似关系图

应在同一列车具有所有席别同里程车票情况下分析，所取里程应有代表性，必要时可多调查分析几个列车和几个里程段的数据，最后加权分析后取值。图 7 中横坐标 S_0、S_1、S_2、S_3、S_4 分别表示硬座、硬卧、软卧、双人软卧、单人软卧席的人均占用空间，它们

对应的纵坐标 G_0、G_1、G_2、G_3、G_4 分别表示相应的广义费用。任意人均占用空间对应的广义费用可用线性插入法计算求出。

计算货物运输破损减少效益一般是比较各运输方式在运输特定货物时的平均破损率，然后再乘以该货物的转移运量的数量和影子价格。

6. 其他运输费用节省效益。随着铁路运输服务质量的不断提高，铁路建设项目可能产生更多类型的运输费用节省效益。如集装箱项目可能节省货主运输货物的包装费用，大型客站的扩建可能改善旅客在车站候车条件对旅客产生的效益，多式联运项目可能减少货主在不同运输方式间的倒装费用等。不管是旅客和货主、直接和间接、货币和非货币运输费用的节省，都是项目的经济效益，必要时都应设法进行计算。

7. 避免投资效益。在计算避免投资效益时，需要对无项目情况作认真研究分析。拟建项目避免的投资不是项目替代方案的投资，只是无项目时项目相关地区为保持经济的正常发展，需要完成趋势运量必要的最小投资。

计算避免投资效益需要对无项目时转移运量经过线路的能力运用情况进行分析。分析时不能仅考虑拟建项目的转移运量，应根据综合交通网发展规划，考虑相应年度需要运输的全部客货运量。如果运力不足，拟定一个投资最小的假设解决方案，作为拟建项目避免的投资效益。

不是所有的铁路建设项目都会产生避免投资效益，识别避免投资效益基于无项目情况分析与假定，只有那些转移运量较大，相关地区原有运输基础设施又相对薄弱的情况下才会发生避免投资效益。

4.3.5 诱发运量产生的直接效益。在诱发运量和转移运量相比相对较小的情况下，可以根据著名的折半法则进行计算，即单位诱发运量的直接经济效益近似等于单位转移运量直接经济效益的二分之一。

当在一些经济欠发达，运输基础设施相对比较落后的地区修建铁路，或者一些重大铁路扩能项目可能产生的诱发运量占据项目运量的大部分，这时不宜采用折半法则计算诱发运量的经济效益。可以通过间接计算诱发运量导致相应货物增产带来的生产者剩余增加的方法，来近似计算诱发运量的经济效益。具体计算方法，请参阅由 F·贝利、J·安德森等人编著，由建设部标准定额所翻译的《投资运营经济分析》。

4.3.6 间接效益是项目在实施过程中对第三方（除运输服务供求方以外）的影响效益，主要包括缓解交通拥挤效益、交通安全事故减少效益、空气质量改善效益、降低噪声影响效益、其他方面的环境影响效益等。

1. 缓解交通拥挤效益。这类效益发生于运量转移后的剩余运量，计算这类效益需要一系列的数学模型，如公路速度流量模型，成本流量模型等。在这方面有不少成熟的模型可以借鉴。如由亚洲开发银行、交通部综合规划司主持，由交通部科学研究院研究开发的《公路建设项目节能减排指南》以及由世界银行主持资助开发的公路运营成本模型等，比较详细地介绍了各种车型运营成本、运行速度、燃料消耗、气体排放等指标与运输流量和能力之间的相互关系。铁路建设项目评价人员可参照利用这些模型计算出一些指标，依据以上介绍的各种效益计算方法直接或间接计算出相应的经济效益。

2. 交通安全事故减少效益。该效益可分为转移运量交通事故影响效益和诱发运量交通事故影响效益。

大多数铁路建设项目的交通事故影响效益来自公路转移运量，其他运输方式一般情况下可忽略不计。当计算公路转移运量事故影响效益时，可根据项目具体情况，对于经济效益中交通事故影响效益占较大比例的项目，必要时可针对不同等级、不同地区的公路转移运量发生事故频率和严重程度分别计算。诱发运量交通事故影响效益可暂按全路或相关铁路局平均事故损失水平乘以诱发运量换算周转量计算。

3. 空气质量影响效益。国内外越来越重视大气污染给人类带来的危害，正在开展大量研究来识别和量化这些污染，采取各种手段来减少其对人类的危害程度。铁路评价人员要注意跟踪这些研究成果并将其用于该项效益（或费用）的计算。

大气质量影响效益可以分转移运量和诱发运量分别计算，就铁路建设项目而言，公路转移运量表现为空气污染减少效益；而诱发运量表现为费用，但鉴于铁路电气化铁路越来越多，电力机车空气污染很小，基本上可忽略不计。但相应的电气化机车耗电所导致的火力发电空气污染应考虑在内。

4. 噪声影响效益。定量计算噪声影响的效益是非常困难的，需要做大量的专题调查研究。目前我国在这方面研究很少。对于噪声效益不可忽略的铁路建设项目，评价人员可参考国内外相关资料并结合典型调查，根据接收补偿原则分析测算。对于经过城市人口居住稠密区的高速客运铁路建设项目，必要时应考虑其产生的噪声影响费用。

5. 其他环境影响效益或费用。铁路建设项目间接效益范围非常广泛，铁路评价人员应根据项目特点认真分析计算，既不能无中生有，任意罗列，也不要疏忽大意，漏掉一些重要的间接效益。一个典型的例子可以说明铁路建设项目间接效益的广泛含义。芜湖长江大桥的建设目的是替代轮渡疏通铁路跨越长江的瓶颈，以便充分利用长江两侧的铁路网运输能力，为社会提供更多更好的铁路运输服务。但芜湖大桥的建设却产生了一项和铁路运输没有直接关系却无法忽视的效益。即疏通长江航道，提高了航运能力和速度。因为如果不建设芜湖长江大桥，过江列车需要轮船摆渡，阻碍了长江航道的运输。因此，这种疏通航道运输的间接效益不应被忽略。

4.3.7 如果铁路建设项目所形成的主要资产在评价计算期后仍可继续使用，项目评价期之后预期实现的经济效益，也应采用和在评价期内计算同类效益的一致的方法计算，这等同于延长项目评价期直至耗尽项目主要资产的寿命；如果不能继续使用，也应该分析计算作为其他用途所能获得的最大效益。以上两种情况分析计算都比较复杂，考虑到铁路建设项目的评价期已经超过 30 年，其后的效益通过折现后，对项目的经济评价指标影响有限。为简化计算，铁路建设项日经济费用效益分析中的项目余值效益，可以在财务分析中计算的各种资产残余值回收效益基础上，乘以各自的影子价格获得。但需要说明，这只是一种简单估算方法。

对于项目资产寿命期很长的交通运输项目，为降低项目余值计算误差对项目经济指标的影响，适当延长项目评价期也许是一种不错的选择。但评价期过长也会给运量等主要基础数据的预测带来很大的不确定性。

4.3.8 鉴于铁路行业长期处于运能短缺的特点，若拟建铁路建设项目扩充或释放了项目相关路网的运能，从而满足了无项目情况下被抑制的运输需求，应该计算由此所产生的经济效益。由此产生的经济效益，视具体项目特点，可能表现为直接效益，也可能表现为间接效益。例如，沿既有铁路繁忙干线建设的客运专线项目，由于从该既有铁路转移了大量旅客运输，释放了该既有铁路的运输能力，从而满足了如果不建设客运专线而被抑制的货物运输需求，这时将产生间接的经济效益；在运输瓶颈上的直接扩能项目，如既有铁路增建第二线、第三线等扩能项目，所产生的此类经济效益则表现为项目的直接效益。

满足被抑制的运输需求所产生的经济效益的估算与无项目情况假定密切相关，因此，认真做好无项目情况分析是正确计算此类经济效益的基础。当不实施拟建项目存在未满足的运输需求时，有两种可能发生的情况。一是以最小的投资（所值得的代价）满足这些需求；二是不投资（代价太高）让运能继续短缺。在以上两种无项目情况假定下，此类经济效益的计算方法有所不同。第一种情况表现为避免投资的效益（详见以上有关章节）；第二种情况表现为新增运量（主要为货运量）的效益，在这种情况下，新增货运量的经济效益，理论上应用消费者对这些运输服务的支付意愿减去生产者提供这些运输服务的运营成本进行计算。但是，估算消费者的支付意愿需要大量调查研究，难以操作。实际工作中可以比照转移运量的办法粗略估算。即假定以最可能的运输方式（包括其他铁路径路）可以运输这些货物，然后计算各种广义费用节省作为其经济效益。

项目经济效益计算表。对于相关路网比较复杂，转移运量类型和数量较多的铁路建设项目，应通过编制项目经济效益计算表来计算项目客货运输服务产生的各项经济效益（见表 16 和表 17，表格中的栏目可根据具体项目的需要增减与调整）。

4.4 费用的识别与计算

4.4.1 在识别与计算铁路建设项目经济费用时，只需考虑项目的建设投资费用以及项目的系统投资费用，而无须再考虑项目的运营成本。因为在计算项目转移运量和正常运量的运营成本节省效益时，已经将转移运量和正常运量的运营成本为作负效益计入了。诱发运量计算的也是减去运营成本后的净效益，也已经将运营成本作为费用考虑了。所以，在识别与计算铁路建设项目的经济费用时，就不应该考虑项目的运营成本了。

4.4.2 项目建设投资费用。在计算项目建设投资的经济费用时，需要在财务分析计算结果的基础上进行一系列调整，包括扣除转移支付和涨价预留费，以及通过影子价格换算系数将财务费用调整为经济费用。

1. 扣除转移支付。项目投资中有些是社会经济体系内部的“转移支付”，而不是项目对资源的真正消耗，应予以扣除。主要包括：政府征收的各项税费、政府以及有关机构和个人给予项目的补贴和捐赠、国内投资借款利息等。另外，如果投资中考虑了涨价预留费也应一并扣除，但不可预见费（基本预备费）应予以保留。

2. 价格调整。在财务分析中项目建设投资反映的是财务价值，但在经济费用效益分析中应通过影子价格调整为经济价值。应结合“总（预）估算表”的投资分类分别测算影子价格转换系数进行调整，编制项目建设投资经济费用估算表（见表 18，表中栏目可根据具体项目需要增减与调整）。

表 16　旅客运输经济效益估算表

运量 区段		区段类型	区段长度	运营成本费率	运价率	旅客人均空间	旅行速度	诱发运量			转移运量					无项目转移运量					运营成本节省	运输收入减少	旅客小时节省	人空间小时增加	运营成本影子价格转换系数	客运效益合计
								运量	运输收入	运营成本	运量	运输收入	运营成本	旅客小时	人空间小时	运量	运输收入	运营成本	旅客小时	人空间小时						
线名A	区段 1																									
	区段 2																									
	…																									
线名B	区段 1																									
	区段 2																									
	…																									
…	区段 1																									
	区段 2																									
	…																									
指标合计																										
其中：公路转移																										
民航转移																										
水运转移																										
铁路转移																										
诱发运量																										
旅客单位时间价值																										
单位空间小时价值																										
经济效益																										

表 17 货物运输经济效益估算表

区段＼运量		区段类型	区段长度	运营成本费率	运价率	货物破损率	旅行速度	诱发运量			转移运量					无项目转移运量					运营成本节省	运输收入减少	吨小时节省	破损货物减少量	运营成本影子价格转换系数	货运效益合计
								运量	运输收入	运营成本	运量	运输收入	运营成本	吨小时	货物破损量	运量	运输收入	运营成本	吨小时	货物破损量						
线名A	区段1																									
	区段2																									
	…																									
线名B	区段1																									
	区段2																									
	…																									
…	区段1																									
	区段2																									
	…																									
指标合计																										
其中：公路转移																										
民航转移																										
水运转移																										
铁路转移																										
诱发运量																										
货物单位时间价值																										
破损货物单位价值																										
经济效益																										

表 18　项目投资经济费用估算表　　单位：万元

章别	费用类别 费用属性	投资额	影子价格转换系数	经济费用	备　　注
第一部分：静态投资					
一	拆迁及征地费用				
二	路基				
三	桥涵				
四	隧道及明洞				
五	轨道				
六	通信及信号				
七	电力及电力牵引供电				
八	房屋				
九	其他运营设备及建筑物				
十	大临和过渡工程				
十一	其他费用				
以上各章合计					
十二	基本预备费				
第二部分：机车车辆购置费					
十三	机车车辆购置费				
第三部分：流动资金					
十四	铺底流动资金				
十五	运营期流动资金				
总　　计					

5　费用效果分析

5.0.1　广义的费用效果分析泛指通过比较所达到的效果与所付出的耗费，用以分析判断所付出的代价是否值得。它是项目评价的基本原理。广义费用效果分析并不刻意强调采用何种计量方式。狭义的费用效果分析专指耗费采用货币计量，效果采用非货币计量的分析方法。而费用和效果均采用货币计量的称为费用效益分析。需要做费用效果分析的铁路建设项目，一般采用狭义费用效果分析。

根据经济和社会发展的客观需要直接进行费用效果分析的铁路建设项目，一般情况下，是在充分论证项目必要性的前提下，重点是制定实现项目目标的途径和方案，并根据以最小费用获取最大效果原则，通过多方案比选，提供优选方案或方案优先顺序，以供决策。费用效果分析只能比较不同方案的优劣，不能像费用效益分析那样保证所选方案的效果大于费用。

费用效果分析回避了效果定价难题，直接用非货币化的效果指标与费用进行比较，方法相对简单，最适用于效果难于货币化的领域。在铁路建设项目经济费用效益分析中，涉及环境的价值、生态的价值、生命和健康的价值、人类自然和文化遗产的价值等，往往很难定价，勉强定价往往引起争议，降低了评价的可信度。在这种情况下，铁路建设项目如果在经济分析中其他方面的效益已经使项目经济可行，在这些方面的费用效果分析可用于方案比选。

5.0.4　费用效果分析。确立项目目标时应尽可能将项目目标转化为具体的可量化的指标，并有明确的最低要求。项目目标既可能是单一的，也可能是多目标的。多目标要分清目标的主次，选择必备目标作为考核内容，将其他次要目标仅作为项目的附带效果进行适当分析。根据项目目标探索不同的实现途径，构想和建立比较方案。比较方案越多，则优选余地越大。

5.0.5　费用应包含从项目投资开始到项目终结的整个期间内所发生的全部费用。包括项目建设投资、运营成本、期末资产回收和拆除、恢复环境的处置费用等。

5.0.7　基准指标是项目可以被接受的效果费用比的最低要求。基准指标决定因素较为复杂，受经济实力、技术水平、社会需求等多方面影响，需根据具体情况专门制定。

5.0.8　费用效果分析有最小费用法和最大效果法。

在项目效果有明确数量要求时，采用达到数量要求目标所需费用最小的方案。

当对项目费用有明确限定时，采用在限定费用条件下效果最大的方案。

当效果与费用均不固定，且分别具有较大幅度的差别时，应比较两个备选方案之间的费用差额和效果差额，分析获得增量效果所付出的增量费用是否值得。如果增加的效果能够抵补增加的费用，选择费用高的方案；否则，选择费用低的方案。

基准指标的确定需要根据国家经济状况、行业特点、以往同类项目的 E/C 比值水平综合确定。

6 区域经济与宏观经济影响分析

6.0.1 特大型铁路建设项目的区域经济影响分析是指从区域经济的角度出发，综合分析特大型铁路建设项目的建设对项目重点影响区域经济活动的各方面影响，包括对区域现存发展条件、经济结构、城镇建设、劳动就业、土地利用、生态环境等方面现实和长远影响的分析。

特大型铁路建设项目的宏观经济影响分析是指从国民经济整体角度出发，综合分析特大型铁路建设项目的建设对国家宏观经济的各方面影响，包括对国民经济总量增长、产业结构调整、生产力布局、自然资源开发、劳动就业等方面影响的分析，以及国家承担项目建设的能力即国力的分析、项目时机选择对国民经济影响的分析等。

特大型铁路建设项目的区域经济和宏观经济影响分析与一般经济费用效益分析，既有相同的方面，又有很大的不同。相同的方面表现在，两者都是着眼于项目对经济整体的影响，分析项目可能带来的各方面效益和需要的各种投入，都具有旨在促进资源优化配置实现社会福利最大化的目的。不同方面主要表现在：

1. 一般项目经济分析的核心是费用效益分析，即从全社会的角度出发，考察项目能否有利于资源最优化配置并实现国民收入（社会福利）最大增长，在影子价格体系的基础上计算项目对国民经济的净贡献，评价项目的经济合理性。一般经济费用效益分析中，通常通过假定项目的投入物和产出物（运输服务）的市场价格不受项目实施与否的影响，仅仅采用考虑到时间价值的社会折现率来体现动态分析要求，实际上没有完全体现动态特征。

对于特大型铁路建设项目，由于投资大、建设周期长，资源供求关系变化很大，在建设期间巨大的物力、人力和财力的投入，以及投产运营后对其他产业的巨大拉动影响，有可能改变包括项目投入物与产出物在内的整个资源供求格局。一般经济费用效益分析的假设和分析方法显然已不适用，需要进行多方面的分析和考虑。

2. 一般铁路建设项目的经济分析可采用总量指标来衡量项目的经济效益。对特大型铁路建设项目来说，仅采用总量指标是不完全的，还需要进行结构分析才能真正把握项目的经济效益。

3. 一般铁路建设项目经济费用效益分析不必考虑各利益主体之间的矛盾以及最终分配。特大型铁路建设项目涉及的利益主体复杂，不仅包括中央政府或主管的政府部门，而且包括项目所在地区的政府、项目所在地区的居民、项目主持单位、项目受益单位等，因而要全面权衡，使各主体利益协调一致。

特大型铁路建设项目区域经济影响分析的目的在于通过分析做到有效地开发利用资源，合理配置人、财、物力，使部门之间、企业之间、生产性建设和非生产性建设之间在地区分布上协调组合，提高社会经济效果，保持良好的生态环境，促进地区开发建设顺利进行；特大型铁路建设项目宏观经济影响分析的目的在于通过分析判断国家承担项目投资建设的能力，项目对国民经济总量增长和结构改善的贡献，项目对劳动就业、收入分配、物价变化等方面的影响，项目可能存在的各种风险，从而选择有利的投资机会和上马时机，促进项目开发建设顺利进行，实现生产力在宏观范围内合理布局，推动国民经济协调发展。

6.0.2 特大型铁路建设项目具有以下特征：一是在特定地区或国民经济和社会发展中占有很重要的战略地位；二是投资总额或人力物力财力的投入量大，建设和运营周期长；三是项目实施与否特定地区或国家经济发展水平有很大变化，潜在需求变化大，因而导致效益的突变性大；四是对国家经济安全带来较大影响。

特大型铁路建设项目也是一个相对性的概念。随着经济发展，生产力水平的不断提高，一些在当时被认为投资规模巨大，可称得上特大型的铁路建设项目，在后来却只能算作一般工程。在实际进行分析评估时，应以当时的情况为准进行取舍。

6.0.4 铁路建设项目区域经济与宏观经济影响分析应遵循系统性、综合性、定性与定量相结合的原则。

系统性原则。特大型铁路建设项目本身就是一个系统，但从国民经济的全局来看，它又是铁路运输网、综合交通运输网乃至国民经济这个大系统中的一个子系统。为了保证特大型铁路建设项目的建设成功和全国铁路运输网、全国综合交通运输网乃至国民经济系统稳定运行，对特大型铁路建设项目一定要从全局的观点，用系统论的方法来分析其可能带来的各方面的影响，尤其是对区域经济和宏观经济的影响。

综合性原则。特大型铁路建设项目投资巨大，建设、运营周期长，影响面广泛。特大型铁路建设项目的投入（包括建设和运营）将给原有经济系统的结构（包括产业结构、投资结构、就业结构、供给结构、消费结构、价格体系和区域经济等）、状态和运行带来重大的变化。它不仅影响到经济总量，而且影响到经济结构；不仅影响到资源开发，而且影响到资源利用，人力、物力、财力配置；不仅对局部区域有影响，而且对国民经济整体产生影响。因此，分析特大型铁路建设项目对区域和宏观经济影响要坚持综合性原则，进行综合分析，不能仅仅分析某一方面的影响。

定量分析与定性分析相结合原则。特大型铁路建设项目对区域和宏观经济的影响是广泛而深刻的，既包括可以用价值指标进行量化的效果；也包括更大量的无形效果和非经济效果，难以用价值指标进行量化。对于前者应以定量分析为主，把握其数值大小；对于后者应进行定性分析或进行比较性描述，或者用其他类型指标进行描述或数量分析，以便对其作出准确评价，为项目决策提供充分依据。

6.0.5 铁路建设项目区域经济与宏观经济影响分析宜由下列指标构成，并应与国家统计部门的统计口径一致。

1. 经济总量指标，反映项目对国民经济总量的贡献，主要包括增加值、净产值、纯收入、财政收入等。总量指标可使用当年值、净现值总额和折现年值等。

增加值是指项目投产后对国民经济的净贡献，即每年形成的国内生产总值。对项目而言，按收入法计算增加值较为方便。

$$\text{增加值}=\begin{matrix}\text{项目影响范围}\\\text{内全部劳动者报酬}\end{matrix}+\begin{matrix}\text{固定资}\\\text{产折旧}\end{matrix}+\begin{matrix}\text{生产税}\\\text{净额}\end{matrix}+\begin{matrix}\text{营业}\\\text{盈余}\end{matrix}$$

净产值是指项目全部效益扣除各项费用（不包括工资及附加费）后的余额。

社会纯收入是指净产值扣除工资及附加费后的余额。

增加值、净产值和社会纯收入的年值可分别由各自的总现值折算。由于特大型铁路建设项目一般均为综合性项目，具有多种效益，具体计算时，应根据项目发挥效益的类别逐项计算。

2. 经济结构指标，反映项目对经济结构的影响，主要包括产业结构、就业结构、影响力系数等。

评价特大型铁路建设项目对区域和宏观经济影响的结构指标主要包括影响力系数、三次产业结构、就业结构等。

影响力系数（F_j）也被称为带动度系数，是指铁路行业增加产出满足社会需求，每增加一个单位最终需求时，对国民经济各部门产生的增加产出的影响。用公式表示为：

$$F_j = \sum_{i=1}^{n} b_{ij} / \Big(\sum_{j=1}^{n} \sum_{i=1}^{n} b_{ij} / n \Big) \tag{60}$$

式中 b_{ij}——列昂惕夫逆矩阵系数，表示生产第 j 个部门的一个最终产品对第 i 个部门产品的总需求量，包括直接消耗量、间接消耗量和最终产品；

n——国民经济的产业部门总数。

影响力系数大于 1 表示该产业部门增加产出对其他产业部门产出的影响程度超过社会平均水平，影响力系数越大，该产业部门对其他产业部门的带动作用越大，对经济增长的影响越大。

产业结构可以各产业增加值计算，反映各产业在国内生产总值中所占份额大小。特大型铁路建设项目实施与否产业结构的变化，反映了项目对产业结构的影响。

就业结构包括就业的产业结构、就业的知识结构等，前者指各产业就业人数的比例，后者指不同知识水平就业人数的比例。特大型铁路建设项目实施与否就业结构的变化反映了项目对就业结构的影响。

3. 社会与环境指标，主要包括就业效果指标、收益分配效果指标、资源合理利用指标和环境影响效果指标等。为了分析项目对贫困地区经济的贡献，可设置贫困地区收益分配比重指标。

就业效果指标（人/万元）。实现社会充分就业是宏观经济致力于实现的重要目标之一。评价特大型铁路建设项目的就业效果对存在大量过剩劳动力的我国尤其具有意义。劳动力就业效果一般用项目单位投资带来的新增就业人数表示，即：

$$\text{单位投资就业效果} = \frac{\text{新增总就业人数（包括本项目与相关项目）}}{\text{项目总投资（包括直接投资与间接投资）}} \tag{61}$$

总就业效果可分为直接投资所产生的直接就业效果和与该项目直接相关的其他项目的投资产生的间接就业效果。

$$\text{直接就业效果} = \frac{\text{本项目新增的就业人数}}{\text{本项目的直接投资}} \tag{62}$$

$$\text{间接就业效果} = \frac{\text{相关项目新增就业人数}}{\text{相关项目投资}} \tag{63}$$

收益分配效果指标，用于检验项目收益分配在国家、地方、企业、职工间的分配比重是否合理。主要有以下几项：

$$\text{国家收益分配比重} = \frac{\text{项目上缴国家的收益}}{\text{项目的总收益}} \times 100\% \tag{64}$$

$$\text{地方收益分配比重}=\frac{\text{项目上缴地方的收益}}{\text{项目的总收益}}\times 100\% \quad (65)$$

$$\text{企业收益分配比重}=\frac{\text{企业的收益}}{\text{项目的总收益}}\times 100\% \quad (66)$$

$$\text{职工收益分配比重}=\frac{\text{职工的收益}}{\text{项目的总收益}}\times 100\% \quad (67)$$

为体现国家对老、少、边、穷等贫困地区的重视，使这类地区的项目得以优先通过，也可设置贫困地区收益分配指标，通过对贫困地区赋予较高的收益分配权重，判定其对贫困地区收益分配的贡献。

资源和环境的影响效果指标，主要有节能效果指标、节约时间效果指标、节约用地效果指标、节约水资源效果指标等几类。其中，节约时间的效果指标对特大型铁路建设项目尤其具有重要意义，分析此类指标应结合具体项目进行。

节能效果以项目的综合能耗水平（可折合成“年吨标煤消耗”）来反映。

$$\text{项目的综合能耗水平}=\frac{\text{项目的综合能耗}}{\text{项目的净产值}} \quad (68)$$

综合能耗水平低于社会平均能耗水平，则说明项目具有较好的节能效果。

节约用地效果用单位投资占地（平方米/万元）反映。

$$\text{单位投资占地}=\frac{\text{项目土地占用量}}{\text{项目总投资}} \quad (69)$$

项目单位投资占地低于社会平均水平，则说明项目具有较好的节约用地效果。

类似地，节约用水效果以项目单位产值或产品耗水量（立方米/人·日）来反映。

$$\text{项目单位产值耗水量}=\frac{\text{项目总耗水量}}{\text{项目总产值}} \quad (70)$$

项目单位产值耗水量和国家与地区规定的定额比较，可判定项目的节水效果。对生产性项目应分别计算单位产品生产用水和项目人均耗水量，单位产品耗水量应与行业规定的定额进行比较。

4. 国力适应性指标，表示国家人力、物力和财力承担重大项目的能力，一般用项目使用的资源占全部资源总量的百分比或财政资金投入占财政收入或支出的百分比表示。

国力适应性指标。特大型铁路建设项目由于建设规模巨大，需要耗费大量的人力、物力、财力、自然资源等，自然会产生国力能否承受的问题。因为特大型铁路建设项目耗费过多，必然会影响到国民经济其他地区、其他部门的建设和发展。如果特大型铁路建设项目挤占资源过多，导致其他领域所需资源无法满足，阻碍了项目的发展进程；或者由于特大型铁路建设项目使用的投入品过多，引发该物品供应紧张，抬升了重要物品的价格，乃至加剧通货膨胀水平，则说明国力承担该项目的能力不足。

由于我国劳动力资源极其丰富，因而对国力承担能力即国力适应性的评价主要分析财力和物力，这也是我们要重点分析的。但项目对特殊技能人才的需求、项目对人才资源的开发和利用等，必要时也需作专门分析。

国家财力是指一定时期内国家拥有的资金实力，其构成要素包括：国内生产总值（或国民收入）、国家财政收入、信贷总额、外汇储备、可利用的国外资金等。其中最主要的指标是国内生产总值（或国民收入）和国家财政收入。国内生产总值（或国民收入）水平和增长速度反映了国家当前的经济实力和未来实力增长趋势，对特大型铁路建设项目的投资规模具有直接影响。财力承担能力一般通过国内生产总值（或国民收入）增长率、特大型铁路建设项目年度投资规模分别占国内生产总值（或国民收入）、全社会固定资产投资和国家预算内投资等指标的比重等指标来衡量。对运用财政资金的项目，财政投入占财政收入比例的高低反映财政对项目资金需求承受能力的大小。

国家物力是指国家所拥有的物质资源，包括工农业主要产品及储备量，矿产资源储备量、森林、草场以及水资源等。物力取决于国家可供追加的生产资料和消费资料的数量和构成。一般特大型铁路建设项目物力承担能力主要指能源、钢材、水泥和木材等主要物资能否支持项目兴建。物力承担能力评价一般通过特大型铁路建设项目对这几类主要物资的年度需要量占同期产量的比重来衡量。

特大型铁路建设项目的国力承担能力评价需要结合对国家未来经济发展的预测来进行。

7 不确定性分析与风险分析

7.0.2 不确定性分析。

2. 盈亏平衡分析。

1）盈亏平衡运量（保本运量）。鉴于项目有关运输服务在项目财务相关路网上生成的运量可能有多种形式，如转移运量、诱发运量和正常运量等。在转移运量中还可能包含铁路自身转移的运量以及其他运输方式转移的运量。财务分析时，计算不同形式的运量运输收入和运营成本方法不同。所以，当计算保本运量时，以下前提是必要的：

A. 分析年度项目上的运量发生变化时，运量的结构，包括运输对象品类和运量类型以及它们之间的比例，保持不变。即项目实体从项目获得的运输收入及运输可变成本都与拟建项目线路区段的平均运输密度保持线性关系。它们之间可用下式表示：

$$R=\beta^{r}\times M \tag{71}$$

式中 R——项目实体从项目获得的年客货运输收入；

M——项目线路区段平均运输密度；

β^{r}——收入系数，表示拟建项目上单位运输密度项目实体通过项目获得的年客货运输收入，可以通过财务分析一章中给出的运输收入计算公式求出。

$$C^{v}=\beta^{c}\times M \tag{72}$$

式中 C^{v}——项目实体为项目运营发生的年运输可变成本（包括机车车辆折旧费或租赁费）；

M——项目线路区段平均运输密度；

β^{c}——运输可变成本系数，表示拟建项目上单位运输密度项目实体的年运输可变成本，可以通过财务分析一章中给出的运营成本、机车车辆折旧费等计算公式求出。

B. 当项目运量按固定构成结构增长时，直到达到保本运量水平，项目相关路网各区段不会遇到能力短缺问题。

显然，一个铁路建设项目的保本运量与它能否利用项目实体既有路网的潜在能力以及转移运量中是否包括项目实体自身铁路转移运量有很大关系。

2）盈亏平衡收入率（保本运价）。有些既有项目法人铁路建设项目，财务相关路网可能除了项目线路外还包括项目法人所辖的既有路网线路，且执行不同的运价率。在计算铁路建设项目盈亏平衡收入率时，无论项目财务相关路网执行一种还是多种运价率，所计算的项目盈亏平衡收入率都是指在拟建项目线路上执行的运价率。也就是说，在计算项目盈亏平衡收入率时，项目线路以外的相关路网部分的运价率不发生变化。

3）累计净现值盈亏平衡年度。累计净现值盈亏平衡图中，横坐标为年度，纵坐标为累计净现值（$FNPV$）。横轴上方为正值，下方为负值。累计净现值在建设期为负值，逐年加大；运营期负值逐年减小，到累计净现值为零的年度，即盈亏平衡年度；以后正值逐年增大，表示盈利逐年增加。累计净现值盈亏平衡图可以直观地显示项目的盈亏特征。

8 方案经济比选

8.0.1 比选方案之间存在三种关系，即互斥关系、独立关系和相关关系。互斥关系是指各个方案之间存在着互不相容、互相排斥的关系，在进行方案比选时各个备选方案只能选择一个，其余的必须放弃，不能同时存在；独立关系是指各个方案的现金流量是独立不相关的，其中任何一个方案的采用与否仅与方案自身的可行性有关，而与其他方案是否采用没有任何关系；相关关系是指在各个方案之间，某一方案的采用与否会对其他方案的现金流量带来一定的影响，进而影响其他方案的采用或拒绝。铁路建设项目的方案比选只在互斥方案和可转化为互斥方案的备选方案中进行。

8.0.14 净现值、内部收益率和净现值率是项目经济评价、方案经济比选和项目排队选优中经常出现的指标。一般来说，内部收益率比较直观，能直接表示项目投资的盈利能力，但内部收益率过高或过低时，往往缺乏实际意义。当项目在运营期有大量追加投资时，可能有多个收益率，从而得不到正确的解答。净现值指标没有上述缺点，但它只能表明项目投资的盈利能力超过、等于或达不到要求的基准折现率，而该项目的盈利能力比基准折现率高多少或低多少，则表示不出来。净现值率是在净现值基础上发展起来的，可作为净现值的一个辅助指标，它反映净现值与投资现值的关系。净现值率的最大化，将有利于实现有限投资的净贡献最大化。

方案经济比选应注意在某些情况下使用不同指标，导致相反结论的可能性；应根据项目与方案的实际情况，选用适当的方法和指标。

在独立（单个）项目的经济评价中，用净现值、净现值率和内部收益率来判断项目的可行性，所得出的结论是一致的。因此，可选用任一指标作为项目经济评价的指标。在方案经济比选和项目排队时，这三个指标有可能导致相反的结论。

1. 内部收益率与净现值。

从净现值曲线图 8 中 A、B 两项目（方案）的净现值曲线与横轴的交点（IRR_A 和 IRR_B）即为两项目的内部收益率。当折现率为 i_1 和 i_2 时，由于 IRR_A 和 IRR_B 均大于 i_1 和 i_2，且 $IRR_B > IRR_A$，如果按内部收益率的大小来选择项目，则应选项目 B；但是，若按净现值来进行选择，则会得出两种结论，若折现率为 i_1，则 $NPV_A > NPV_B$，应选项目（方案）A；相反，若折现率为 i_2，则 $NPV_b > NPV_a$，这样，项目（方案）选择的结论就正好相反。图中两条净现值曲线的交点 C 所对应的横坐标即为差额投资内部收益率（ΔIRR），采用差额内部收益率来进行方案经济比选，不论折现率为 i_1 或 i_2，其结论均与以净现值作为指标时相同。因此，在方案经济比选中，一般不直接采用内部收益率指标进行比较，而采用净现值和差额内部收

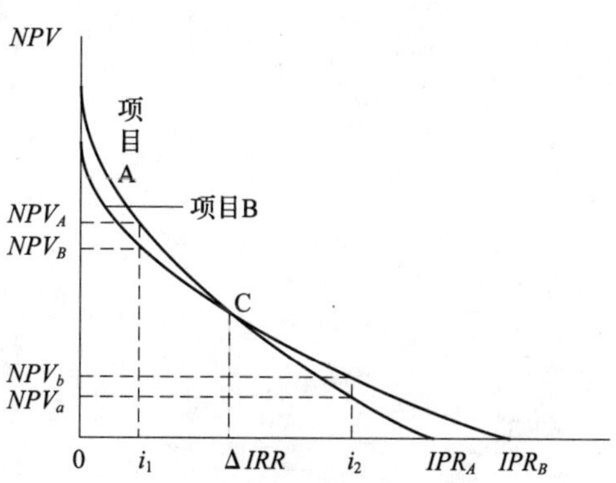

图 8 净现值曲线图

益率作为比较指标。

2. 净现值与净现值率。这两个指标在方案经济比选和项目排队中有时也会导致相反的结论。如有 A、B 两个方案，$NPV_a = 100$，$NPV_b = 180$；投资现值 $I_A = 100$，$I_B = 200$。按净现值来进行比较，应选方案 B，而按净现值率进行比较则方案 A 较优。在进行方案经济比选时，究竟选用哪个指标主要看有无资金限制条件。在可行性研究过程的某个阶段中所发生的具体方案经济比选，往往并无资金限制条件，此时可采用净现值作为比较的指标。相反，当事先明确了资金限定范围时，应进一步用净现值率来衡量。当多个项目进行排队时，往往是在限定的资金限额内，采用净现值率指标，选择既符合资金限制条件，又能使净现值最大的项目组合，以实现有限资金的合理利用。

附件一

运营成本费率

运营单位支出指标以铁路局为基本单元，根据地理位置划分为东北、华北华中、东南华南、西南、西北等五个地区。支出指标测算采用的基础数据年份为2009年，使用时可采用PPI或CPI物价指数进行概略调整。

一、地区划分

表1　运营成本费率测算地区划分表

地区别	包括的铁路局	涵盖的行政区
东北	哈尔滨局、沈阳局	黑龙江、辽宁、吉林及内蒙古东部
华北、华中	北京局、济南局、呼和浩特局、郑州局、西安局	北京、天津及河北、山东、河南、江苏、山西、陕西、内蒙古西部
东南、华南	广州集团公司、南昌局、上海局、柳州局、武汉局	上海及江苏、浙江、福建、安徽、江西、广东、广西、湖南、湖北
西南	成都局、昆明局	重庆及四川、云南
西北	兰州局、乌鲁木齐局以及青藏公司	甘肃、青海、宁夏和新疆
平均	以上各局	以上各省、直辖市、自治区

二、发到及中转可变成本费率

表2　客货运发到作业单位支出指标

地区别	客运（元/人）	货运（元/吨）		
		合计	发送	到达
东北	1.546	2.042	1.021	1.021
华北、华中	2.324	1.517	0.758	0.758
东南、华南	2.159	2.609	1.304	1.304
西南	2.013	1.916	0.959	0.959
西北	3.288	1.988	0.995	0.995
平均	2.072	1.850	0.925	0.925

注：1. 客运为发到成本合计；货运发送、到达成本假定相等，即分别为合计的1/2。

2. 货运发到成本中不含装卸费用。

表 3　货运中转作业单位支出指标

地区别	车辆中转单位成本（元/改编车）	平均有调车作业成本（元/车·小时）	货物中转单位成本（元/吨）
东北	34.626	5.411	0.596
华北、华中	33.596	3.536	0.570
东南、华南	27.854	4.151	0.487
西南	26.516	3.630	0.461
西北	36.535	4.676	0.641
平均	31.794	4.025	0.545

注：1. 中转成本特指在技术作业站有调、无调中转作业及相应的成本费用。

2. 中转吨的单位支出是根据有调中转车数和对应区域的货车静载重换算后的计算值。

三、可变运营成本费率

表 4　客运列车公里单位支出指标

（不含发到成本）　　单位：元/列车·公里

项目 \ 限坡（‰）		4	6	8	10	12	14	16	18	20
东北	内燃	63.4	64.8	66.0	67.3	68.7	70.0	71.5	72.8	74.3
	电力	57.4	58.5	59.7	60.8	62.0	63.3	64.5	65.8	67.0
华北、华中	内燃	65.6	67.0	68.3	69.7	71.0	72.5	73.8	75.3	76.9
	电力	59.5	60.6	61.8	62.9	64.2	65.4	66.7	68.0	69.3
东南、华南	内燃	71.7	73.2	74.7	76.1	77.6	79.2	80.8	82.4	83.9
	电力	65.6	66.8	68.2	69.5	70.8	72.2	73.6	75.1	76.6
西南	内燃	92.1	93.9	95.8	97.6	99.6	101.5	103.6	105.7	107.7
	电力	81.9	83.5	85.1	86.8	88.6	90.3	92.0	93.7	95.6
西北	内燃	79.3	80.9	82.5	84.1	85.8	87.5	89.2	90.9	92.7
	电力	73.9	75.4	76.9	78.4	79.9	81.5	83.1	84.8	86.4
平均	内燃	69.8	71.1	72.6	73.9	75.4	77.0	78.4	80.0	81.6
	电力	62.3	63.6	64.7	66.0	67.4	68.7	70.0	71.4	72.8

表 5　客运列车公里单位支出指标
（含发到成本）

单位：元/列车・公里

项目＼限坡（‰）		4	6	8	10	12	14	16	18	20
东北	内燃	63.7	65.0	66.2	67.6	68.9	70.3	71.7	73.1	74.5
	电力	57.6	58.8	59.9	61.1	62.2	63.5	64.7	66.0	67.3
华北、华中	内燃	66.0	67.3	68.7	70.0	71.4	72.8	74.2	75.6	77.2
	电力	59.8	61.0	62.1	63.3	64.5	65.8	67.0	68.3	69.7
东南、华南	内燃	72.1	73.6	75.0	76.5	78.0	79.5	81.1	82.7	84.3
	电力	65.9	67.2	68.5	69.8	71.2	72.6	73.9	75.4	76.9
西南	内燃	92.5	94.3	96.1	98.0	99.9	101.9	103.9	106.0	108.1
	电力	82.2	83.8	85.4	87.2	88.9	90.6	92.3	94.1	95.9
西北	内燃	79.8	81.4	83.0	84.5	86.3	88.0	89.7	91.4	93.2
	电力	74.4	75.9	77.4	78.9	80.4	82.0	83.6	85.2	86.8
平均	内燃	70.2	71.5	73.0	74.3	75.8	77.3	78.8	80.4	82.0
	电力	62.7	63.9	65.1	66.4	67.7	69.0	70.4	71.8	73.1

表 6　客运万人・公里单位支出指标
（不含发到成本）

单位：元/万人・公里

项目＼限坡（‰）			4	6	8	10	12	14	16	18	20
东北	内燃	快速	1053.2	1074.2	1095.4	1117.2	1139.4	1161.9	1185.0	1208.5	1232.4
		普速	908.0	926.0	944.4	963.1	982.2	1001.7	1021.5	1041.8	1062.5
		综合	1004.8	1024.8	1045.1	1065.8	1087.0	1108.5	1130.6	1152.9	1175.8
	电力	快速	958.0	976.7	995.8	1015.2	1035.0	1055.2	1075.8	1096.9	1118.3
		普速	825.8	841.9	858.4	875.2	892.3	909.7	927.5	945.5	964.0
		综合	913.9	931.7	950.0	968.5	987.4	1006.7	1026.4	1046.4	1066.9
华北 华中	内燃	快速	775.9	791.4	807.0	823.0	839.4	856.1	873.0	890.4	908.0
		普速	668.9	682.2	695.8	709.6	723.6	738.0	752.6	767.5	782.8
		综合	740.3	754.9	769.9	785.2	800.8	816.7	832.9	849.4	866.2
	电力	快速	706.0	719.7	733.8	748.1	762.7	777.6	792.8	808.2	824.1
		普速	608.6	620.4	632.6	644.9	657.5	670.3	683.4	696.8	710.4
		综合	673.4	686.7	700.0	713.7	727.6	741.9	756.4	771.1	786.1

续表 6

项目		限坡（‰）	4	6	8	10	12	14	16	18	20
东南华南	内燃	快速	895.5	913.3	931.3	949.9	968.7	987.8	1007.5	1027.5	1047.9
		普速	772.0	787.3	802.9	818.9	835.1	851.7	868.5	885.7	903.3
		综合	854.4	871.3	888.5	906.2	924.2	942.5	961.1	980.3	999.7
	电力	快速	819.8	835.8	852.2	868.7	885.7	903.0	920.7	938.6	956.9
		普速	706.7	720.5	734.6	748.9	763.6	778.4	793.6	809.1	824.9
		综合	782.1	797.4	812.9	828.8	845.0	861.5	878.4	895.5	913.0
西南	内燃	快速	1222.3	1246.6	1271.2	1296.5	1322.2	1348.5	1375.2	1402.4	1430.2
		普速	1053.7	1074.6	1095.9	1117.6	1139.8	1162.4	1185.5	1209.0	1232.9
		综合	1166.1	1189.3	1212.8	1236.8	1261.4	1286.4	1312.0	1338.0	1364.4
	电力	快速	1099.9	1121.4	1143.3	1165.6	1188.4	1211.5	1235.2	1259.4	1283.9
		普速	948.2	966.7	985.6	1004.9	1024.4	1044.4	1064.8	1085.6	1106.9
		综合	1049.4	1069.8	1090.7	1112.1	1133.7	1155.9	1178.4	1201.4	1224.9
西北	内燃	快速	1261.8	1286.9	1312.5	1338.5	1365.1	1392.1	1419.7	1447.9	1476.6
		普速	1087.9	1109.5	1131.4	1153.9	1176.7	1200.1	1223.9	1248.2	1272.9
		综合	1203.9	1227.7	1252.1	1277.0	1302.2	1328.1	1354.4	1381.3	1408.7
	电力	快速	1179.6	1202.6	1226.0	1249.9	1274.3	1299.3	1324.6	1350.4	1376.8
		普速	1016.8	1036.6	1056.9	1077.6	1098.6	1120.0	1141.8	1164.1	1186.9
		综合	1125.3	1147.2	1169.7	1192.4	1215.8	1239.5	1263.7	1288.3	1313.5
平均	内燃	快速	913.3	931.3	949.8	968.7	987.8	1007.5	1027.5	1047.9	1068.6
		普速	787.3	802.9	818.9	835.1	851.6	868.5	885.7	903.3	921.2
		综合	871.2	888.5	906.1	924.2	942.5	961.1	980.1	999.7	1019.4
	电力	快速	820.3	836.3	852.6	869.3	886.3	903.6	921.2	939.2	957.5
		普速	707.1	720.9	735.1	749.3	764.1	778.9	794.2	809.6	825.5
		综合	782.6	797.9	813.4	829.3	845.5	862.0	878.8	896.0	913.4

表7　客运万人·公里单位支出指标

（含发到成本）

单位：元/万人·公里

项目 \ 限坡（‰）			4	6	8	10	12	14	16	18	20
东北	内燃	快速	1056.4	1077.4	1098.6	1120.3	1142.5	1165.1	1188.2	1211.7	1235.6
		普速	911.2	929.2	947.6	966.2	985.4	1004.9	1024.7	1044.9	1065.7
		综合	1008.0	1028.0	1048.2	1069.0	1090.2	1111.7	1133.7	1156.1	1179.0
	电力	快速	960.9	979.7	998.8	1018.2	1038.0	1058.2	1078.8	1099.9	1121.3
		普速	828.8	844.9	861.4	878.1	895.3	912.6	930.5	948.5	967.0
		综合	916.9	934.7	953.0	971.5	990.4	1009.7	1029.4	1049.4	1069.8
华北华中	内燃	快速	780.7	796.2	811.8	827.8	844.1	860.8	877.8	895.1	912.8
		普速	673.7	687.0	700.5	714.3	728.3	742.7	757.4	772.3	787.5
		综合	745.1	759.7	774.7	790.0	805.6	821.4	837.7	854.1	871.0
	电力	快速	710.5	724.2	738.3	752.6	767.2	782.1	797.3	812.7	828.6
		普速	613.1	624.9	637.1	649.4	661.9	674.8	687.9	701.3	714.8
		综合	677.9	691.2	704.5	718.2	732.1	746.4	760.8	775.6	790.6
东南华南	内燃	快速	899.9	917.7	935.7	954.3	973.1	992.2	1011.9	1031.9	1052.3
		普速	776.4	791.7	807.3	823.3	839.5	856.1	872.9	890.1	907.7
		综合	858.8	875.7	892.9	910.6	928.5	946.8	965.5	984.7	1004.1
	电力	快速	824.0	840.0	856.3	872.9	889.9	907.1	924.8	942.8	961.1
		普速	710.8	724.6	738.8	753.0	767.7	782.6	797.8	813.3	829.0
		综合	786.3	801.6	817.1	832.9	849.2	865.6	882.5	899.6	917.1
西南	内燃	快速	1226.3	1250.6	1275.3	1300.5	1326.3	1352.5	1379.2	1406.4	1434.2
		普速	1057.7	1078.6	1100.0	1121.7	1143.9	1166.4	1189.5	1213.0	1237.0
		综合	1170.1	1193.3	1216.8	1240.9	1265.4	1290.4	1316.0	1342.0	1368.5
	电力	快速	1103.7	1125.2	1147.1	1169.4	1192.2	1215.3	1239.0	1263.2	1287.7
		普速	952.0	970.5	989.3	1008.7	1028.2	1048.2	1068.6	1089.4	1110.7
		综合	1053.2	1073.6	1094.5	1115.8	1137.5	1159.7	1182.2	1205.2	1228.7
西北	内燃	快速	1268.6	1293.6	1319.2	1345.2	1371.8	1398.9	1426.4	1454.6	1483.3
		普速	1094.6	1116.2	1138.1	1160.6	1183.4	1206.8	1230.6	1254.9	1279.7
		综合	1210.6	1234.4	1258.8	1283.7	1308.9	1334.8	1361.2	1388.0	1415.4
	电力	快速	1185.9	1208.9	1232.3	1256.3	1280.6	1305.6	1330.9	1356.8	1383.1
		普速	1023.2	1042.9	1063.2	1083.9	1104.9	1126.3	1148.2	1170.5	1193.2
		综合	1131.6	1153.6	1176.0	1198.8	1222.1	1245.8	1270.1	1294.7	1319.9

续表 7

项目 \ 限坡（‰）		4	6	8	10	12	14	16	18	20
平均 内燃	快速	917.4	935.5	953.9	972.8	992.0	1011.6	1031.6	1052.0	1072.7
	普速	791.4	807.0	823.0	839.2	855.7	872.7	889.9	907.4	925.4
	综合	875.4	892.7	910.2	928.3	946.6	965.3	984.3	1003.8	1023.6
平均 电力	快速	824.2	840.2	856.5	873.2	890.2	907.5	925.1	943.1	961.4
	普速	711.0	724.8	739.0	753.3	768.0	782.8	798.1	813.5	829.4
	综合	786.5	801.8	817.3	833.2	849.4	866.0	882.7	899.9	917.4

注：客运万人·公里单位支出按平均上座率 60%计算。

表 8　货运万吨·公里单位支出指标
（不含发到、中转成本）

单位：元/万吨·公里

项目 \ 限坡（‰）		4	6	8	10	12	14	16	18	20
东北	内燃	439.8	471.0	504.5	540.3	578.6	619.8	663.8	710.9	761.4
	电力	401.9	430.4	461.2	494.0	529.2	567.0	607.3	650.6	696.9
华北、华中	内燃	361.9	387.7	415.3	444.9	476.5	510.6	546.9	585.8	627.6
	电力	334.4	358.1	383.5	410.8	439.9	471.2	504.6	540.4	578.8
东南、华南	内燃	415.5	445.1	476.8	510.8	547.2	586.1	627.9	672.6	720.5
	电力	367.3	393.3	421.2	451.1	483.2	517.5	554.2	593.6	635.7
西南	内燃	444.9	476.7	510.6	547.0	586.0	627.7	672.5	720.3	771.7
	电力	409.6	438.6	469.8	503.1	538.9	577.1	618.1	661.9	709.0
西北	内燃	475.1	509.0	545.2	584.0	625.6	670.3	718.0	769.1	823.9
	电力	430.9	461.5	494.3	529.3	567.0	607.2	650.3	696.4	745.9
平均	内燃	396.9	425.0	455.4	487.9	522.5	559.9	599.6	642.5	688.2
	电力	355.2	380.4	407.4	436.3	467.4	500.5	536.0	574.1	614.9

表 9　货运万吨·公里单位支出指标

（含中转成本）　　单位：元/万吨·公里

项目＼限坡（‰）		4	6	8	10	12	14	16	18	20
东北	内燃	471.0	502.3	535.7	571.4	609.9	651.0	694.9	742.1	792.5
	电力	431.3	459.9	490.6	523.5	558.7	596.3	636.8	680.0	726.3
华北、华中	内燃	384.3	410.0	437.7	467.3	499.0	532.9	569.4	608.3	650.0
	电力	355.5	379.3	404.7	431.8	461.0	492.3	525.8	561.5	600.0
东南、华南	内燃	440.1	469.7	501.4	535.3	571.7	610.7	652.5	697.2	745.1
	电力	390.4	416.5	444.4	474.4	506.3	540.6	577.4	616.7	658.8
西南	内燃	469.6	501.3	535.2	571.6	610.6	652.3	697.0	744.9	796.3
	电力	432.7	461.8	493.0	526.4	562.0	600.3	641.2	685.2	732.2
西北	内燃	500.4	534.2	570.6	609.4	651.0	695.5	743.3	794.5	849.2
	电力	454.8	485.4	518.1	553.3	590.8	631.0	674.1	720.4	769.8
平均	内燃	421.6	449.8	480.2	512.6	547.3	584.6	624.4	667.2	713.0
	电力	378.6	403.8	430.8	459.7	490.7	523.8	559.4	597.4	638.3

表 10　货运万吨·公里单位支出指标

（含发到、中转成本）　　单位：元/万吨·公里

项目＼限坡（‰）		4	6	8	10	12	14	16	18	20
东北	内燃	473.6	504.8	538.3	574.0	612.4	653.6	697.5	744.7	795.1
	电力	433.7	462.3	493.0	525.9	561.1	598.7	639.2	682.4	728.8
华北、华中	内燃	386.1	411.9	439.6	469.1	500.8	534.7	571.2	610.1	651.8
	电力	357.2	381.0	406.4	433.6	462.8	494.0	527.5	563.3	601.7
东南、华南	内燃	443.3	473.0	504.7	538.6	575.0	614.0	655.8	700.5	748.3
	电力	393.5	419.6	447.5	477.5	509.5	543.7	580.5	619.9	661.9
西南	内燃	471.9	503.6	537.5	573.9	612.9	654.7	699.3	747.3	798.6
	电力	434.9	464.0	495.2	528.5	564.2	602.5	643.4	687.4	734.4
西北	内燃	502.9	536.7	573.0	611.8	653.4	698.0	745.8	796.9	851.7
	电力	457.1	487.7	520.4	555.6	593.1	633.3	676.4	722.7	772.1
平均	内燃	424.0	452.1	482.5	515.0	549.6	586.9	626.7	669.5	715.3
	电力	380.8	406.0	433.0	461.8	492.9	526.0	561.5	599.6	640.4

说明：1. 表 8～表 10 货运万吨·公里单位支出指标包含了基础空率因素（45%）。

2. 空率因素调整方法：

$X_s=1.000+(k_1-k_0)\times 0.55$

式中　k_0、k_1——基础空率、项目空率。

四、固定运营成本费率

表11　单位固定运营成本　　单位：万元/正线公里

地区别	电力		内燃	
	单线	双线	单线	双线
东北	29.2	42.9	25.2	37.1
华北、华中	25.4	37.4	21.9	32.3
东南、华南	28.4	41.7	24.5	36.0
西南	33.0	48.5	28.5	41.9
西北	31.3	46.1	27.1	39.8
平均	28.8	42.3	24.9	36.5

附件二

铁路现行客货运价

（2010年8月10日整理）

一、客运运价

我国国有铁路客运运价执行《铁路客运运价规则》，客运运价包括旅客票价及行李、包裹运价。客运运价与客运杂费构成全部运输费用。

旅客票价通常包括客票票价和附加票票价两部分。客票票价分硬座、软座票价，附加票票价分加快、卧铺、空调票价。

旅客票价按照旅客旅行的距离和不同的设备运行条件，采取递远递减的办法确定，票价中包含旅客意外伤害强制保险费。

我国现行铁路客运票价体系，以普通旅客列车硬座票价率为基准票价率，在基准票价率基础上，分别针对不同席别、列车速度等级、车型，考虑递远递减因素，制定具体票价。目前旅客硬座基价率为0.05861元/人·公里。我国目前已建成客运专线票价见表1。

表1　我国目前已建成客运专线票价

线路区间	线路全长（km）	票价（元/人）	
		一等座	二等座
郑州—西安	573	390	240
武汉—广州南	995	780	490
北京—天津	115	69	58
合肥—南京	166	80	67
合肥—汉口	204	135	113
上海虹桥—杭州	169	131	82
宁波—温州南—福州	268～566	102～214	85～179
福州—厦门	273	103	85
石家庄北—太原	189	84	70
广州—深圳	116	100	80
上海—南京	301	233	146
成都—重庆北	315	117	98

二、货运运价

1. 国有铁路货运运价

我国国有铁路货运运价执行《铁路货运运价规则》，货运运价包括货物运费及杂费。铁路货物现行运价率见表2。

表2　铁路货物现行运价率（2009年12月13号调整）

办理类别	运价号	基价1		基价2	
		单位	标准	单位	标准
整车	1	元/吨	6.2	元/吨·公里	0.0360
	2	元/吨	6.80	元/吨·公里	0.0432
	3	元/吨	8.50	元/吨·公里	0.0484
	4	元/吨	10.50	元/吨·公里	0.0537
	5	元/吨	11.40	元/吨·公里	0.0612
	6	元/吨	16.80	元/吨·公里	0.0845
	7			元/吨·公里	0.2795
	机械冷藏车	元/吨	12.50	元/吨·公里	0.0850
零担	21	元/10千克	0.122	元/10千克·公里	0.00060
	22	元/10千克	0.171	元/10千克·公里	0.00087
集装箱	1吨箱	元/箱	10.70	元/箱·公里	0.0414
	20英尺箱	元/箱	249.20	元/箱·公里	1.1730
	40英尺箱	元/箱	436.3	元/箱·公里	1.8346

运费计算办法：

整车货物每吨运价＝基价1＋基价2×运价公里

零担货物每10千克运价＝基价1＋基价2×运价公里

集装箱货物每箱运价＝基价1＋基价2×运价公里

目前铁路货运运价为0.0701元/吨·公里，铁路建设基金0.033元/吨·公里，货运平均运价为0.1031元/吨·公里，对于电气化铁路还需加收铁路电气化附加费0.012元/吨·公里。

2. 合资铁路货运运价

我国部分合资铁路货物现行运价率见表 3。

表 3　部分合资铁路货物现行运价率

线别	整车货物（元/吨·公里）	零担货物（元/10 千克·公里）	自轮运转货物（元/吨·公里）	通用集装箱货物（元/箱·公里）			
				1 吨箱	20 英尺箱	40 英尺箱	空自备箱
大秦线	0.12						
滦港线	0.175						
邯济线	0.11	0.0011	0.33	0.066	2.20	3.74	按重箱费率的 40%计算
漯阜线	0.125	0.00125	0.375	0.075	2.50	4.25	按重箱费率的 40%计算
横峰—南平、上铅线	0.12	0.0012	0.36	0.072	2.40	4.08	按重箱费率的 40%计算
三茂线	0.12	0.0012	0.36	0.072	2.40	4.08	按重箱费率的 40%计算
石长线	0.11	0.0011	0.33	0.066	2.20	3.74	按重箱费率的 40%计算
新长线	0.0675	0.000675	0.2025	0.0405	1.08	2.295	按重箱费率的 40%计算
集通线	0.10	0.001	0.30	0.06	2.00	3.40	按重箱费率的 40%计算

3. 地方铁路货运运价

我国部分地方铁路货物现行运价率见表4。

表4 部分地方铁路货物现行运价率

线别	整车货物（元/吨·公里）	零担货物（元/10千克·公里）	自轮运转货物（元/吨·公里）	通用集装箱货物（元/箱·公里）			
				1吨箱	20英尺箱	40英尺箱	空自备箱
包神线	0.15						
大准线	0.15						
神朔线	0.18						
朔黄线	0.12						
武左线	0.10	0.001	0.30	0.06	2.00	3.40	按重箱费率的40%计算
阳涉线	0.10	0.001	0.30	0.06	2.00	3.40	按重箱费率的40%计算

注：朔黄铁路货运价格暂核定为每吨·公里0.12元，不区分货物品类，按货物实际运输距离核收，在运价外不另收取货物运输发到基价和铁路电气化附加费。

编委会和编写组组成人员名单

编　委　会

主　任： 陆东福

副主任： 王志宏　曾少华　王晓涛　黄　民　杨忠民

委　员： 卫　明　胡传海　罗国三　李国勇　严贺祥　林仲洪
韩树青　刘春林　孙志诚　周小棋　郑　剑　王彦华
戴新鎏　徐忠义

编　写　组

组　长： 黄　民

副组长： 严贺祥　徐忠义（执笔）

成　员： 吴麦奎　魏德勇　聂英杰　方琪根　徐　涛　史富文
赵长江　梁　栋　刘　咏

评审专家组

组　长： 于守法

成　员： 李开孟　李明哲　刘丽梅　何邦模　姜滇生　王　彤
陶树人　李京法　崔　鹏